1859.
H.

CATALOGUE
DES LIVRES

RARES ET PRÉCIEUX DE M. ***.
Le Baron d'Heiss.

CE Cabinet confiste principalement en Manufcrits
fur Velin, avec de fuperbes Miniatures, en premieres Éditions, Livres imprimés fur Velin, &c.&c.

DONT la Vente fe fera le Lundi 7 Mars 1785,
& jours fuivants, à 4 heures de relevée, en l'une
des falles de l'Hôtel de Bullion, rue Plâtriere.

A PARIS,

Chez DE BURE, fils aîné, Libraire, Quai des
Auguftins.

M. DCC. LXXXV.

Les LIVRES feront expofés dans l'Ordre qui fuit.

Lundi 7 Mars.

Belles-Lettres, ...	125	197
Hiftoire, ...	879	893
Sciences & Arts, ...	49	67

Le N°. 138 fera vendu à la fin de la Vacation.

Mardi 8.

Belles-Lettres, ...	198	269
Hiftoire, ...	894	908
Sciences & Arts, ...	68	86

Mercredi 9.

Belles-Lettres, ...	270	341
Hiftoire, ...	909	923
Sciences & Arts, ...	87	105

Jeudi 10.

Belles-Lettres, ...	342	413
Hiftoire, ...	924	938
Sciences & Arts, ...	106	124

Vendredi 11.

Belles-Lettres, ...	414	498
Hiftoire, ...	939	960

Samedi 12.

Belles-Lettres, ...	499	583
Hiftoire, ...	961	982

Lundi 14.

Belles-Lettres,	584	663
Histoire,	983	1004

Mardi 15.

Belles-Lettres,	669	753
Histoire,	1005	1026

Mercredi 16.

Belles-Lettres,	754	838
Histoire,	1027	1047

Jeudi 17.

Belles-Lettres,	839	878
Histoire,	1048	1065
Jurisprudence,	45	48
Théologie,	1	44

CATALOGUE

DES LIVRES

DE M***.

THÉOLOGIE.

Verſions de l'Ecriture Sainte.

1 Biblia Sacra latina, ex Sancti Hieronymi tranſlatione, cum ejus prologis. in 8. m. r.

Manuscrit ſur Vélin, du XIII ſiecle, contenant 454 feüillets. Il eſt écrit en très petites *lettres de forme*, ſur deux colonnes.

Cette Bible eſt bien conſervée. On trouve à la fin la table des noms Hébreux.

2 Biblia Sacra. 4 grands vol. in fol. m. citron.

Très beau Manuscrit ſur Vélin, du commencement du XIV ſiecle, diviſé en 4 volumes, dont la totalité eſt de 594 feuillets. Il eſt écrit en *lettres de forme*, ſur 2 colonnes, & décoré d'initiales, ornements & miniatures peintes en or & en couleurs.

Cette Bible eſt complete. Elle renferme tous les Prologues de St. Jérôme. Les Actes des Apôtres y ſont après les Epîtres de St. Paul, & avant les Epîtres Canoniques. On y lit le paſſage des trois Témoins, ainſi : *quî tres ſunt qui*

A

teſtimoniū dant in celo. pater. uerbū et ſp̄t ſcs. et hij tres unū ſunt. et tres sūt qui teſtimoniū dant in ira ſp̄t aqua et ſanguis.

3 Biblia Sacra vulgatæ editionis, ex recenſione Joannis Andreæ, Epiſcopi Aleriensis. *Romæ, per Conradum Sweynheym & Arnold. Pannartz*, 1471, 2 vol. in fol. non relié.

SUPERBE EXEMPLAIRE, de la premiere Bible imprimée à Rome. Cette Edition eſt ſi Rare, qu'elle ne ſe trouve pas dans les Bibliotheques les plus conſidérables. Il manque dans cet exemplaire cinq feuillets dans les Pieces Préliminaires. Le texte de la Bible, ainſi que les *interpretationes hebraicorum nominum* ſont complets.

4 The Holy Bible, containing the old Teſtament and the new ; tranſlated out of the original tongues. *Cantabrigiæ, J. Baskerville*, 1763, grand in fol. m. r.

Cette Edition eſt une des plus belles qui aient été faites par cet Imprimeur.

Hiſtoires & Figures de la Bible.

5 Hiſtoriæ Sacræ Veteris & Novi Teſtamenti, cum figuris Matth. Meriani. *Amſtel. Viſcher*, in 4. oblong. vel.

Deux cents ſoixante pieces de très belles Epreuves.

6 Hiſtoire du Vieux & du Nouveau Teſtament, enrichie de plus de 400 fig. *Anvers, Mortier*, 1700, 2 vol. in fol. v. m. & m. r.

Exemplaire ſans les clous.

7 Le Grant Vita Chriſti, tranſlaté du latin de Ludolphe, par Guil. Lemenand. *Paris, Ant. Verard*, 2 part. rel. en 1 vol. in fol. goth. m. n.

Superbe Exemplaire imprimé fur Vélin, qui porte les armes de Jehan II, Duc de Bourbonnois & d'Auvergne, Connérable de France, à qui ce livre eft dédié. Avec les lettres initiales peintes en or, & 72 miniatures.

Interpretes & Commentateurs de l'Ecriture Sainte.

8 Dialogus qui vocatur Scrutinium fcripturarum, per Paulum de Sancta Maria. *Moguntiæ, per Pet. Schoyffer de Gernfzheym*, 1478, in fol. goth. v. b.

9 Joannis de Turrecremata expofitio brevis & utilis fuper toto Pfalterio. *Moguntiæ, per Pet. Schoyffer de Gernfzheym*, 1474, in fol. goth. v. f.

10 Breve dichiaratione fopra l'Apocalipfe de Gioanni, dove fi prova effer venuto il precurfor de Anti-Chrifto, & avicinarfi la percoffa da lui predetta nel fefto figillo. (per Don Serafino da Firmo, C. R.) *In Milano, Fr. Cantalovo*, 1538, in 16. vel.

Exemplaire imprimé fur Vélin.

Liturgies.

11 Cathecumenorum liber juxta ritum Curiæ Romanæ : morefque Patriarchales Venetiarum. *Venetiis, Grègorius de Gregoriis,* 1520, in 4. vélin.

Exemplaire imprimé fur Vélin.

12 Breviarium Romanum, cùm Calendario. in 4. m. r.

Très beau Manuscrit fur Vélin, du XV fiecle, contenant 444 feuillets. L'écriture eft en *lettres de forme*, fur deux colonnes. Il eft enrichi d'un grand nombre de lettres initiales, ornements, arabefques & jolies miniatures.

13 Heures à l'Ufage de Rome. in 4. goth. rel. en velours.

Imprimées fur Vélin, avec une grande quantité de belles miniatures.

14 Heures à l'Ufage de Paris. *Paris, Hardouyn,* in 8. goth. m. v.

Imprimé fur Vélin, avec des cadres & des figures coloriées.

15 Heures à l'Ufaige de Amiens. in 4. goth. m. r. dentel.

Exemplaire imprimé fur Vélin, avec miniatures.

16 Heures latines de François de France, Duc d'Alençon. in 16. m. r. dent.

MANUSCRIT fur Vélin, infiniment précieux, dont toutes les peintures ont été faites par le fameux Hans ou Jean Bol, né à Malines en 1534. Différents Auteurs de Vies des Peintres ont vanté le talent de cet Artifte pour les petits Ouvrages à gouache, fes payfages agréables & la grande union de fa touche & de fes couleurs. Il paffa les dernieres années de fa vie à Amfterdam, où il travailla avec le plus grand fuccès. Il y mourut en 1583. Un an avant fa mort, François de France, Duc d'Alençon & d'Anjou, cinquieme fils du Roi Henri II & de Catherine de Médicis, & frere des Rois François II, Charles IX & Henri III, après avoir été couronné Duc de Brabant, dans la ville d'Anvers le 19 Février 1582, le chargea en la même année d'orner de peintures à gouache le livre d'Heures dont l'acquifition eft offerte aujourd'hui aux Amateurs de Tableaux.

j On peut affurer que c'eft un des meilleurs ouvrages de Jean Bol.

Ce Livre contient 24 feuillets, qui font écrits en très belles *lettres rondes*, à longues lignes. Sa hauteur eft de 3 pouces 2 lignes, & fa largeur de 2 pouces 3 lignes. Les miniatures dont il eft enrichi font la plûpart de la même grandeur. Il y en a 20 en tout, dont voici les fujets :

Page 1. Les Armes de François de France, Duc d'Alençon, fupportées par deux Anges, au-deffus defquelles

il y a un foleil couronné d'une couronne de lau-
rier que tiennent deux autres Anges, avec ces
mots : *fovet & difcutit.*

Pag. 2. La Transfiguration.
5. Vue d'une Ville du Brabant, baignée par les eaux
d'une riviere.
6. Un Homme en priere devant le St. Efprit. Le fond
du tableau eft une marine.
8. Un Chien & une fauterelle.
9. Un Lion, deux Chiens, un Porc-Epic, &c.
10. L'Intérieur d'une Eglife où l'on voit un Prêtre à
l'Autel, & François d'Alençon à genoux fur un
Prie-Dieu, avec plufieurs perfonnes de fa fuite.
13. Vue d'une Place publique d'une Ville du Brabant.
14. La Ste Trinité.
17. Un Calvaire.
18. David pénitent.
21. Un Chat, un Chien, & une Fouine.
30. Vue d'un Village de Brabant.
32. La Cêne.
34. Profil d'une Ville de Brabant.
36. La Ste Trinité.
38. Un Paon, un Oifeau, & deux Infectes.
42. Le Jugement dernier.
47. Un Cartouche, dans lequel eft écrit en or : *FRAN-
CISCI F. FRANCIAE DVCIS BRABAN-
TIAE ET IVSSV VSVIQVE IOANNES
BOL DEPINGEBAT* CIↃ. IↃ. LXXXII.
48. Les Armes de France, fupportées par un Ange.

Outre ces 20 fuperbes miniatures, Bol a peint fur toutes
les pages des lettres capitales, de petits ornemens, des oifeaux, des infectes & des fleurs, extrêmement finis.

17 Præces Piæ, cum Calendario. in 8. m. cit. dent.

SUPERBE MANUSCRIT fur Vélin, du XIV fiecle, contenant 169 feuillets, écrits en *lettres de forme*, à longues lig.
Il eft enrichi de lettres initiales, d'ornemens, & de trente
& une miniatures de la plus grande délicateffe. Il y en a
vingt-deux qui portent 4 pouces & demi de haut, fur 3 &
demi de large, & neuf qui ont 3 pouces en quarré. Le Calendrier eft orné de plufieurs autres miniatures, qui repréfen-

A iij

tent les signes du Zodiaque, les attributs de chaque mois, & la Loi ancienne détruite par la Loi de Jésus-Christ; sujet qui s'y trouve exécuté comme dans les Heures de Louis d'Anjou, qui étoient dans la Bibliotheque de M. le Duc de la Valliere. Voyez *la premiere Partie du Catalogue*, tom. I, pag. *96*, N° *284*.

1 8 Præces Piæ, cum Calendario. in 8.

MANUSCRIT sur Vélin, du XV siecle, contenant 8 2 feuillets. Il est écrit en *ancienne bâtarde*, à longues lignes, & enrichi d'ornements, lettres initiales, & miniatures, peintes en or & en couleurs. On trouve au commencement les naissances des enfants de Raimond Bourgeois, Procureur au Parlement, & de Nicole Aimes, sa femme.

1 9 Præces Piæ, cum Calendario. in 8. couvert de velours cramoisi.

TRÈS BEAU MANUSCRIT sur Vélin, du XV siecle, contenant 8 5 feuillets, écrits en *ancienne bâtarde*, à longues lignes. Il est enrichi de plusieurs ornements, & de 1 1 5 jolies miniatures, dont les plus grandes portent 5 pouces de haut, sur 3 de large. Toutes les pages sont entourées d'une bordure peinte en or & en couleurs, & singulièrement variée.

2 0 Præces Piæ, cum Calendario. in 8.

TRÈS BEAU MANUSCRIT sur Vélin, du XV siecle, de 1 2 6 feuillets, écrits en *ancienne bâtarde*, à longues lignes. Il est enrichi d'initiales peintes en or & en couleurs, & de seize superbes miniatures, dont treize de 7 pouces de haut, sur 4 de large; les trois autres portent environ 3 pouces en quarré. On trouve de plus dans le Calendrier douze petites miniatures, qui représentent les attributs de chaque mois.

2 1 Præces Piæ, cum Calendario. in 4. m. r.

BEAU MANUSCRIT sur Vélin, de l'an 1 5 1 3, contenant 2 2 6 feuillets, écrits en *lettres de forme*, à longues lignes. Il est enrichi d'initiales peintes en or & en couleurs, & enrichi de 1 5 0 miniatures de différentes grandeurs.

2 2 Præces Piæ, cum Calendario. in 8. m. r. dent.

THÉOLOGIE.

Ce Livre est un des plus beaux MSS. qui aient été exécutés en Italie, dans le XVIᵉ siecle. Tout y est porté à la plus grande magnificence. Il contient 146 feuillets, d'un vélin très blanc & très fin. Il est écrit à longues lignes *en lettres rondes*, avec une précision & une netteté admirables. On trouve à la tête du volume douze feuillets qui renferment un Calendrier dont chaque mois est décoré de ses attributs, représentés en douze superbes miniatures, qui ont un peu plus d'un pouce & demi en quarré. Tous les feuillets sont entourés d'un cordon d'or, & enrichis de divers ornements, d'une quantité considérable de lettres initiales peintes en or & en couleurs, & de riches bordures chargées d'oiseaux, d'insectes, de fruits, de fleurs exécutées très délicatement.

Tous ces ornements ne sont rien en comparaison de 40 miniatures, dont la richesse surpasse tout ce que l'on a fait de mieux en ce genre. La délicatesse du pinceau, la fraîcheur & la vivacité des couleurs leur donnent un rare mérite, & les placent à côté des peintures dont étoit enrichi le Livre de Prieres, annoncé dans la premiere partie du Catalogue de M. le Duc de la Valliere N°. 303, & qui a été vendu 1499 liv. 19 s.

Ces miniatures sont de deux grandeurs : il y en a dix-sept qui portent 5 pouces de haut, sur environ 3 pouces de large; & vingt-trois qui ont un pouce en quarré.

23 Hore Beate Virginis secundum usum Ecclesie.... in 12. m. r.

MANUSCRIT sur Vélin, du XV siecle, contenant 150 feuillets. Il est écrit en très petites lettres, appellées *ancienne bâtarde*, & il est enrichi de quelques miniatures & de cadres peints en or & en couleurs.

24 Hore Beatissime Virginis Marie secundum, usum Romane Ecclesie, cum Calendario. in 18. chagrin noir.

BEAU MANUSCRIT sur Vélin, du XV siecle, élégamment écrit en petites *lettres rondes*, à longues lignes, & enrichi de dix-neuf miniatures très bien conservées. Il contient 146 feuillets, décorés d'un grand nombre de lettres·initiales, peintes en or & en couleurs.

A iv

2 5 Heures, à la louange de la Vierge Marie, selon l'Ufage de Rome. *Paris, Geoffroy Tory, de Bourges*, 1525, in 4. m. r.

SUPERBE EXEMPLAIRE imprimé fur Vélin, avec 13 miniatures, & des cadres autour des pages.

26 Officium Beatæ Mariæ Virginis, cum Calendario. in 8 couvert de velours cramoifi, avec coins & fermoirs d'argent.

MANUSCRIT fur Vélin, du XV fiecle, contenant 207 feuillets, écrits en *ancienne bâtarde*, à longues lignes, avec des lettres initiales, peintes en or & en couleurs. Il eft enrichi de quinze très belles miniatures, qui ont 5 pouces de hauteur, fur 2 pouces & demi de largeur. Il y en a quarante-fept petites, qui portent un pouce en quarré.

27 Officium B. Mariæ Virginis, Pii V. Pont. Max. iuffu editum. in 8. m. violet, reliure molle, doublé de tabis, dans un étui de maroq. violet, avec trois fermoirs d'or.

Ni la Bibliotheque de M. Gaignat, ni celle de M. le Duc de la Valliere, ni enfin le cabinet le plus riche en livres rares, n'ont offert aux curieux & aux amateurs, un Manufcrit auffi précieux & auffi parfait en fon genre, que celui que nous avons fous les yeux. Les plus belles Heures venues à notre connoiffance, ne lui font en rien comparables.

Cette grande fupériorité fur tout ce que nous avons jamais vu de plus fini en fait de miniatures délicates & bien deffinées, prouve fans réplique que ce livre d'Heures eft abfolument unique.

Un Chanoine de Strasbourg le vendit 6000 l. à feu M. le Prince de Conti, dix mois avant fa mort. Quelque temps auparavant il s'étoit trouvé parmi les effets précieux de Mᵈᵉ la Margrave Augufte-Sybille de Bade-Bade, vendus à l'enchere à Offenbourg, le 8 Mai 1775, fuivant l'annonce de l'état imprimé, où il fe trouve placé fous le n° 240, pag. 14. Cette Princeffe l'avoit eu de la fucceffion de Guillaume, Marquis de Bade. Ce Seigneur, mort en 1677,

Chevalier de la Toison d'or, & Juge principal de la Chambre Impériale de Spire, en avoit ordonné l'exécution en l'an 1647.

L'artiste dont il employa le talent s'appelloit Frédéric Brentel, qui naquit à Strasbourg en 1580. Descamps, dans sa vie des Peintres Flamands, se borne à dire qu'il fut recherché des Grands, & suppose par-là, qu'il devoit avoir eu quelque mérite. M. d'Argenville, dont les recherches paroissent n'avoir pas été plus heureuses pour ce Peintre, qu'il nomme Frédéric Brendel, n'en parle que par occasion dans sa vie de Guillaume Bawr : il nous y apprend simplement que Brentel avoit été le Maître du fameux Guillaume Bawr, & que celui-ci seconda avec ardeur les dispositions heureuses de son éleve pour la Peinture. Il ajoute, sans faire mention de ses productions, qu'il travailloit à de petits ouvrages à gouache extrêmement finis.

Si ces deux Auteurs avoient connu les Heures de Guillaume de Bade, il est à présumer qu'enchantés de ce chef-d'œuvre en miniature, ils se seroient donné quelque peine pour se procurer des détails satisfaisants sur la vie de cet Artiste, & pour prononcer sûrement d'après ses peintures, sur sa maniere brillante & sur le genre dans lequel il a excellé.

Son dessin est pur, son coloris agréable & ses couleurs sont vives. Il a réduit en petit, dans ce superbe livre, avec un entente admirable, les plus beaux tableaux de Rubens, de Jordaens, de Vandyck, de Wouwermans, de D. Teniers, de Breughel, &c.

L'acquéreur de ce Manuscrit unique, & qui est on ne peut pas mieux conservé, pourra peut-être se flatter d'être dans le monde, le seul possesseur d'un cabinet portatif de tableaux peints en miniatures, copiés fidèlement, & par un très habile Peintre, d'après les plus grands Maîtres des Ecoles Flamande, Hollandoise, &c.

Description de ce Livre.

Ce Manuscrit est sur Vélin ; il contient 235 feuillets, faisant 470 pages. Il est écrit en lettres rondes & italiques, à longues lignes. Ses caracteres, sans avoir la beauté & la netteté de ceux de Nicolas Iarry, qui florissoit à Paris, à l'époque que l'on exécutoit ce Manuscrit à Strasbourg, ne laissent pas d'être bien formés & tracés avec beaucoup de netteté. Toutes les pages font entourées d'un filet d'or, & enrichies d'ornements & de grandes lettres capitales deffinées en rouge & rehauffées d'or.

Le corps du volume eft précédé de quatorze feuillets qui renferment :

1°. Un frontifpice peint en miniature, portant 4 pouces 11 l. de hauteur fur 3 pouces de largeur. On y lit au milieu le titre annoncé ci-deffus, écrit en or. Au haut de ce titre eft repréfenté un concert célefte, & aux deux côtés, un faint Guillaume, patron de Guillaume de Bade, & une Magdeleine au pied de la Croix. Au bas font les armes de Bade, &c.

2°. Un Calendrier dont les douze mois font enrichis chacun, au commencement, d'une miniature de 3 pouces de large fur 2 pouces de haut. Ces miniatures, d'un fini précieux, repréfentent les travaux de la campagne relatifs à chaque mois, qui est auffi décoré de fon figne du zodiaque en médaillon, peint en or.

Les Prieres contiennent 30 autres tableaux infiniment riches en détails, & peints avec une légèreté & une chaleur qui caractérifent les productions de Brentel. Il y en a 20 qui portent 4 pouces 10 lignes de hauteur, fur 3 de largeur. Les 10 autres ont la même largeur fur 2 pouces de haut.

En voici les fujets :
En tête, la Nativité de la Vierge, d'après Rubens.

Les deux derniers feuillets renferment la Table des Prieres, qui est terminée par le portrait de Frédéric Brentel, probablement peint par lui-même. On lit au-dessous ces mots:

Incæptum & absolutum Anno 1647. per Fridericŭ Brentel. Ætatis, 67.

28 Orationes Selectæ et Officia quædam particularia ad usum Quillelmi Marchionis Badensis Variis, authore Friderico Brentel, ornata picturis anno M DC XLVII. in 8. m. r. dent.

Ces Heures faisoient autrefois partie du Manuscrit précédent. Les deux volumes n'en formoient qu'un, à la vente de M.de la Margrave Auguste Sybille de Bade-Bade. On les sépara avant qu'on vendît le premier à feu M. le Prince de Conti, qui n'a jamais possédé la totalité. Ce n'est que par le plus grand hasard, & à force d'argent, qu'on est parvenu à se procurer cette suite intéressante. Elle consiste en 18 feuillets. Le titre y a été mis récemment. Les Peintures étant de la même main que les précédentes, sont par conséquent du même mérite : il y en a 5 grandes & 4 petites de la même mesure que les autres. Elles représentent :

du Collier de l'Ordre de la Toifon d'Or. On voit à terre, devant lui, fon cafque, fes gantelets & les armes de Bade.

Page 18. La Defcente du Saint-Efprit.

24. Sainte Barbe.

30. Le Bienheureux Bernard, Marquis de Bade, mort le 15 Juiillet 1458. Aux quatre coins de la miniature font les armes de Baden, de Lorraine, d'Œtingen & de Pfalte.

32. Saint George, Patron de la Maifon de Bade.

Ce volume fera vendu avec le N°. précédent.

29 Les fept Offices pour la femaine. Efcrits par N. Iarry Efcrivain & Notteur de la Mufique du Roi. in 16. chagrin noir, avec fermoirs d'or.

SUPERBE MANUSCRIT fur Vélin, contenant 74 feuillets. Il eft fupérieurement bien écrit en *bâtarde*. Chaque page eft entourée d'un filet d'or. On y voit de très jolis ornements peints, & une Vierge avec l'Enfant Jéfus. Cette miniature eft d'une grande beauté. On lit à la fin de ce Manufcrit, qui eft un chef-d'œuvre d'écriture : *N. Iarry Parifinus fcribebat, an.* 1659.

30 Prieres de la Meffe. in 12. m. bl. dent. doublé de m. r. avec dent.

SUPERBE MANUSCRIT fur Vélin, du XVII. fiecle, contenant 46 feuillets, parfaitement bien écrits en *lettres rondes*, à longues lignes, & entourés de bordures & ornements peints en or & en couleurs. Ce Livre eft enrichi de cinq très beaux tableaux, à la gouache, portant 3 pouces 2 lignes de hauteur fur 2 pouces de largeur, & de 14 vignettes & culs-de-lampe très-délicatement peintes en camaïeux, or, azur, &c. On prétend que ces peintures ont été faites par F. Boucher, pour Mde de Pompadour.

THÉOLOGIE SCHOLASTIQUE ET DOGMATIQUE.

Traités de l'Incarnation de Jéfus - Chrift, de fa Paffion & de fa Mort.

31 Tréfor admirable de la Sentence prononcée par Ponce-Pilate, contre N. S. Jéfus-Chrift. *Paris, le Fevre,* 1621, in 8. m. r.

Traités des IV dernieres Fins de l'Homme,
la Mort, &c.

32 Le Livre intitulé l'Art de Mourir. (*Paris, Ant. Verard.*) in fol. goth. v. f.

Cet Ouvrage est une Traduction du Livre intitulé : *Ars Moriendi.*

SUPERBE EXEMPLAIRE, imprimé sur Vélin, avec 24 miniatures, & les lettres initiales peintes en or.

THÉOLOGIE MORALE.

Traités Moraux des Sacremens & de ce qui y a rapport.

33 Liber qui Manipulus curatorum appellatur, in quo perneceffaria officia eorum quibus animarum cura commifla eft , breviter pertractantur, feliciter incipit; (Auctore Guidone de Monte Rocherio.) *Andegavi , per Joan. de Turre, & Joan. Morelli,* 1477. ═ Incipit tractatus excellentiffimi domini hugonis primi cardinalis, ordinis fratrum predicatorum, qui nuncupatur fpeculum Ecclefie. De numero, ordine, z fignificatione facerdotalium veftium. in 4. rel. en bois.

Les deux Ouvrages contenus dans ce volume font de la plus grande rareté; aucun Bibliographe n'en a fait mention. Ils font imprimés avec des caracteres prefque femblables à ceux de P. Cefaris & de J. Stol, à longues lignes, dont les pages entieres en contiennent 18, fans chiffres ni réclames, avec des fignatures. Le premier Traité commence par une Table qui occupe 4 feuillets; elle eft intitulée : *Tabula libri qui manipulus curatorum appellatur ! incipit feliciter ;* Le Texte fuit, il commence par l'intitulé rapporté ci-deffus, & par la fignature A 1; il finit à la fin de la feuille R, par la foufcription fuivante : *Doctiffimi viri domini guidonis de monte rocherii liber, manipulus curatorum vul-*

gariter dictus ! finit feliciter. Qui completus est andegaui per industriosos impressorie artis magistros, Iohannem de turre, et Iohănem morelli. Anno dominice natiuitatis Millesimo quadringětesimo septuagesimo septimo, Mensis septembris, die vero decimo nono ; le second Traité contient 19 feuillets; il commence par l'intitulé annoncé ci-dessus, & finit au bas du verso du dernier feuillet, par cette ligne : *Explicit speculum sacerdotum ;*

Instructions pour les Confesseurs & pour les Pénitens.

34 Bélial en françois, nommé la Consolation des pauvres Pécheurs; trad. de Jacques Ancharano, par P. Ferget. *Paris, Le Noir,* 1503. in 4. goth. v. b.

35 C'est un Traictie des vij Fruits de Tribulacion fait par ung Religieux de l'Ordre des Célestins pour consoler les désolez. in 8.

MANUSCRIT sur Vélin, du XV siecle, contenant 77 feuillets. Il est écrit en *ancienne bâtarde,* à longues lignes : il est enrichi d'une jolie miniature, & il commence ainsi : Si comme dit lappostre, nous nauons pas en ce monde cyte ou habitacion....

Théologie Mystique, &c.

36 L'Imitation de Jésus-Christ, traduite en vers françois par P. Corneille. *Par. De Luyne,* 1673, 2 vol. in 18, v. éc.

37 De l'Imitation de Jésus-Christ, trad. en Chinois. Imprimé *à la Chine.* in 8. reliure du pays.

38 Cy commence le desirain livre de la vigne Nostre Seigneur. in 4. v. b.

MANUSCRIT sur Vélin, du XV. siecle, de 165 feuillets, écrits en *ancienne bâtarde,* à longues lignes, avec des initiales peintes en or & en couleurs : il est décoré de 80 miniatures de la plus grande singularité. Il y en a 18 de six pouces & demi de haut, fur 4 & demi de large ; les autres portent environ 4 pouces & demi en quarré.

Cet Ouvrage commence ainfi :

Voca operarios et redde illis mercedem fuam. Mathei xx° cap. Comme le foir feuft venu le Seigneur de la Vigne dift....

39 Les Allumettes du feu Divin, par P. Dorée. *Paris*, 1539, in 8. goth. m. r.

40 La Magdaliade ou Aiguillon fpirituel, pour exciter les ames pécherefles à quitter leurs vanités & faire pénitence. *Loches*, 1608, in 8. v. m.

41 Tablature Spirituelle des Offices & Officiers de la Couronne de Jéfus, couchés fur l'état royal de fa Crêche. *Paris*, 1685, in 12, v. b.

42 Vitæ Paffionis & Mortis Jefu Chrifti Myfteria piis meditationibus expofita, per P. Joan. Bourghefium, figuris æneis expreffa per Boethium à Bolswert. *Antuerpiæ, Aertffius,* 1622, in 8. vel.

Théologie Hétérodoxe.

43 Des Chefs de l'Eglife, & de l'Adminiftration de la Parole de Dieu, & des Sacrements, felon l'ufage de l'Eglife Romaine ; par P. Viret. *Par J. Rivery*, 1564, in 8. parch.

44 Renverfement de la Morale Chrétienne par les défordres du Monachifme. in 4. fig. m. bl.

JURISPRUDENCE.

45 Traité Hiftorique fur le fujet de l'excommunication de la dépofition des Rois. *Paris, Barbin*, 1681, in 12. m. v.

46 De i Delitti e delle Pene ; per il Machefe Bec-
caria. *Parigi , nella ſtamperia di Fr. Ambr. Didot , a ſpeſe di G. Cl. Molini*, 1780. in 8. m. r.

Exemplaire imprimé ſur Vélin.

47 Dicæarchiæ Henrici Regis Chriſtianiſſimi pro-
gymnaſmata. (Auct. Spiſame.) in 8. m. verd.

48 Pancarte des Droits & Acquits dus au Roi , &
autres particuliers , qui ſe levent ſur toutes les
marchandiſes & denrées paſſants par-deſſous les
Ponts de la Ville de Mantes , & ſes limites.
Paris , Ramier , 1618. in 8. v. b.

Imprimé ſur Parchemin.

SCIENCES ET ARTS.

Philoſophie.

49 Hɪsᴛoɪʀᴇ des Cauſes Premieres , ou Expoſition des Penſées des Philoſophes ſur les Principes
des Êtres ; par l'Abbé Batteux. *Paris , Saillant ,*
1769. in 8. v. m.

Morale.

50 Manuel d'Epictete , en grec , avec une traduction françoiſe ; par M. Lefebvre de Villebrune.
Paris , Lamy, 1783 , in 18. m. bl. d. de tab.

Imprimé ſur Vélin.

51 Le Mirouer du régime & gouvernement du
Corps & de l'Ame ; compoſé par le ſage Caton,
Sénateur Romain ; les vers duquel s'enſuivent,

tant

tant en latin qu'en quadrains françois. 1589. in 4. v. br.

MANUSCRIT fur Vélin, du XVI. fiecle, contenant 28 feuillets, écrits en *lettres de forme*, à longues lignes. Cette Traduction commence ainfi :

> Puifque Dieu eft ung fouvrain Efprit,
> Comme il nous eft tefmoigne par efcript......

52 Les Mots dorés de Caton, en françois & en latin ; (trad. par P. Grofnet). *Paris, Longis*, 2 vol. in 8. v. m.

Le premier vol. *goth.* & le fecond en *lettres rondes*.

53 Cy commance le Livre de Boece de Confola-cion, lequel Maiftre Jehan de Meun tranflata de latin en françois, fi comme il fe contient cy aprez en avant et le envoya au Roi Philippe le quart. in f. m. r.

TRÈS BEAU MANUSCRIT fur Vélin, du XV. fiecle, con-tenant 119 feuillets. Il eft écrit en *ancienne bâtarde*, fur 3 co-lonnes, & enrichi de 6 jolies miniatures, dont la plus grande a 6 pouces de large fur 3 pouces de hauteur. Quelques pages font ornées d'arabefques. On y voit un grand nombre de lettres initiales peintes en or & couleurs. Tous les fommaires font en rouge. A en juger par des Armes qui décorent le pre-mier feuillet, ce Manufcrit doit avoir appartenu à un Prince de la Maifon de Lorraine. La Traduction de Jean de Meun y eft accompagnée du Texte latin.

54 La Confolation de la Philofophie de Boece, traduite en vers, par Renaud de Louens. in f.

MANUSCRIT fur Vélin, du XV fiecle, contenant 81 feuil-lets. Il eft écrit en *ancienne bâtarde*, fur 2 colonnes, & il commence ainfi :

> Cellui qui bien bat les buiffons
> Eft digne d'avoir les moiffons

Cette Traduction eft celle de Renaud de Louens, qu'un Anonyme s'eft attribuée fous le regne de Charles VII.

B

55 Sidrach le grand Philofophe, Fontaine de toutes Sciences, contenant mille quatre-vingt &
quatre demandes. *Paris, à l'écu de France.* in 4.
goth. v. f.

Le dernier feuillet eft manufcrit.

56 Les Loups raviffans, ou autrement, Doctrinal Moral; par Robert Gobin. *Paris, Verard,*
in 4. goth. fig. v. f.

57 De la Sageffe, trois Livres; par P. Charron.
Amfterdam, L. & D. Elzevier, 1662. in 12.
m. r.

58 De la Paffion du Jeu, par M. Dufaulx. *Paris,
de l'Imprimerie de Monfieur,* 1779. in 8. v. m.

Économie.

59 Le Galatée, compofé en italien par J. de la
Cafe, & depuis mis en françois, latin & efpagnol. *Lyon, De Tournes,* 1598. in 12. v. f.
60 Nouveau Traité d'Éducation. *Amfterd. Roger,*
1716. 2 vol. in 8. fig. v. b.
61 Les Devoirs des Grands, par M. le Prince de
Conti; avec fon Teftament. *Paris, Saugrain,*
1779. = Réglement donné par Mme la Ducheffe
de Liancourt à Mlle de la Roche-Guyon, pour
fa conduite & celle de fa Maifon. *Paris, Saugrain,* 1779. 2 vol. in 12. m. viol. dent. doub.
de tab. dans une boëte de m. r.

Exemplaire unique, imprimé fur vélin.

Politique.

62 Entretiens de Phocion, fur le rapport de la
Morale avec la Politique; trad. du grec de Ni-

cocles, par l'Abbé de Mably. *Paris, Bailly,* 1783, 3 vol. in 18. m. r. dent. doub. de tab.

Imprimé sur vélin.

63 Le Livre des Politiques d'Ariftote, trad. par Nic. Orefme. *Paris, Ant. Vérard,* 1489. in fol. goth. rel. en bois.

64 Traité Politique, compofé par William Allen, où il eft prouvé par l'exemple de Moïfe, & par d'autres, tirés hors de l'Ecriture, que tuer un Tyran, *titulo vel exercitio,* n'eft pas un meurtre. *Lugduni,* 1658, in 12. vél.

65 Le Politique du temps, traitant de la Puiffance & Autorité des Princes, dés divers Gouvernemens, jufqu'où l'on doit fupporter la tyrannie, & fi en une oppreffion extrême, il eft loifible aux Sujets de prendre les armes pour défendre leur vie & leur liberté. *Imprimé à la Haye,* 1650. in 12. m. r.

Edition Originale.

Hiftoire Naturelle.

66 Hiftoire Naturelle générale & particuliere, avec la Defcription du Cabinet du Roi; par MM. de Buffon & d'Aubenton. *Paris, de l'Imprimerie Royale,* 1749. 28 vol. in 4. fig.

Premiere Edition.

67 Le Grand Calendrier des Bergers. *Lyon,* 1510, in 4. goth. fig. v. f.

68 Cy eft le Compoft & Calendrier des Bergeres, contenant plufieurs matieres récréatives & dévotes, nouvellement compofé, fans contredire

B ij

à celui des Bergiers. *Imprimé à Paris, en l'Hôtel de Beauregard.* in f. goth. fig. vél.
Edition rare.

69 Difcours Œconomique, non moins utile que récréatif, monftrant comme de cinq cents liv. pour une fois employées l'on peult tirer par an quatre mil cinq cents livres de proffict honnefte, par M. Prudent le Choyfelat. *Paris, Chefneau,* 1569, in 8. == Compoft & Manuel Calendrier, par Thoinot Arbeau. *Paris, Richer,* 1588. in 8. vélin.

70 Éléments de Botanique, par Pitton Tournefort. *Paris, de l'Imprimerie Royale,* 1694. 3 vol. in 8. fig. v. m.

71 Plantes dont on peut faire ufage dans les temps de famine. En chinois. 2 vol. in 4. reliure chin.

72 Portraits d'oifeaux, animaux, ferpents, hommes & femmes d'Arabie & Égypte, obfervés par P. Belon. *Paris, Cavellat,* 1557, in 4. fig. v. éc.

Médecine & Chirurgie.

73 Le Régime de Santé, pour conferver le corps humain à vivre longuement, avec une Recette de la groffe Vérole. *Paris, Ph. le Noir.* in 4. goth. v. f.

74 Trois Livres de l'Embelliffement & Ornement du Corps Humain, par Jean Liebaut. *Lyon, Rigaud,* 1595, in 12. vél.

75 Difcours de l'Yvreffe & Yvrognerie, auquel les caufes, nature & effets de l'Yvreffe font amplement déduits, avec la guérifon d'icelle, par J. Moufin. *Toul, Philippe,* 1612, in 8. v. b.

76 Le Tréfor des Pouvres : felon Maître Arnoult
de Villeneuve : Gérard de Solo , &c. *Lyon ,
Nourry ,* 1518 , in 4. v. f.

77 Le Jardin Médicinal , enrichi de plufieurs remedes fecrets , par Ant. Mizald. 1578 , in 8.
rel. en peau.

78 Le Démoftérion de Roch le Baillif , Médecin
Spagirique. *Rennes , le Bret ,* 1578. in 4. v. f.

79 Traité de l'Hyfterotomotokie, ou Enfantement
Cæfarien, par Fr. Rouffet. *Paris , du Val ,* 1581,
in 8. v. b.

Chymie & Alchymie.

80 Les Œuvres de Jacques & Paul Contant , pere
& fils , Maîftres Apoticaires de la Ville de Poictiers. *Poictiers , Thoreau ,* 1628 , in f. v. m.

81 Hiftoire de la Philofophie Hermétique. *Paris ,
Couftelier ,* 1742 , 4 vol. in 12 , v. m.

82 Les trois Livres de la Chryfopée , c'eft-à-dire ,
l'Art de faire l'Or , trad. de Jean Aurelle Augu-
rel , par F. Habert , de Berry. *Paris ,* 1550, in 8.
v. m.

Aftrologie.

83 Dictionnaire de Géomancie. in 4. v. f.

MANUSCRIT moderne & très curieux, fur papier, lifi-
blement écrit, enrichi de figures coloriées, & contenant
environ 130 feuillets.

84 Les Prophéties de Michel de Noftradamus.
Lyon , Rigaud , 1568 , in 12. m. r.

85 Les vraies Centuries & Prophéries de Maître
Michel Noftradamus. *Amfterdam , Janffon à
Waesberge ,* 1668 , in 12. v. b.

B iij

Hydrographie.

86 L'Art des Armées Navales, par le P. Paul Hoste. *Lyon, Aniffon,* 1697, in fol. fig. vél.

Mufique.

87 Effai fur la Mufique Ancienne & Moderne, par M. de la Borde. *Paris, Pierres,* 1780, 4 v. in 4. v. f.

A R T S.

Art Typographyque.

88 Épreuve du premier Alphabet droit & panché, orné de Cadres & de Cartouches, gravés par ordre du Roi, pour l'Imprimerie Royale, par Louis Luce, en 1740. in 24. m. r.

89 Caracteres de l'Imprimerie, nouvellement gravés par S. P. Fournier, le jeune. *Par.* 1742, in 12. baf.

Arts du Deffin, de la Peinture, &c.

90 Cabinet des Beaux-Arts, par Perrault. in 4. oblong. fig. v. b.

91 Recueil d'Eftampes gravées d'après les Tableaux du Cabinet de M. le Duc de Choifeul, par les foins du fieur Bafan. *Par.* 1771, in 4. v. éc.

92 Collection de cent vingt Eftampes, d'après les Tableaux & Deffins du Cabinet de M. Poullain. *Paris, Bafan,* 1781, in 4. v. éc.

93 Recueil de différentes Eftampes, par Callot, Ifrael, &c. in fol. parchemin.

94 Recueil d'Eftampes de Vander Meulen. in fol. m. r.

Trente-cinq pieces d'anciennes Épreuves.

95 Recueil d'Eſtampes, Plans de Villes, &c. 3 v.
in-fol. v. b.

96 Recueil d'Eſtampes gravées d'après les deſſins
de M. Marillier. 6 v. in 8. Premieres Epreuves.

97 Ædes Barberinæ ad Quirinalem à Comite H.
Tetio deſcriptæ. *Romæ, Maſcardus,* 1642, in f.
fig. v. b.

98 Repræſentatio belli, ob ſucceſſionem in regno
Hiſpanico. *Auguſtæ Vindelicorum, Wolfius,* in f.
fig. v. b

99 Figures des Métamorphoſes d'Ovide, gravées
par B. Picart. Superbes Epreuves. in fol. v. b.

100 Figures des Métamorphoſes d'Ovide, gravées ſur les Deſſins des meilleurs Peintres François, par les ſoins des ſieurs Lemire & Baſan.
Belles Epreuves. in 4. v. éc.

101 Figures de la Paſſion de N. S. Jéſus-Chriſt,
gravées par Sébaſtien le Clerc. *Paris, Chereau,*
in 8. m. r.

35 Pieces.

102 Labyrinthe de Verſailles. *Paris, de l'Imprimerie Royale,* 1679, in 8. fig. m. r.

103 Œuvre de Sébaſtien le Clerc. 4 vol. in fol.
m. r.

2300 Pieces.

104 Œuvre d'Hiacynthe Rigaud. in fol. m. r.
98 Pieces.

105 Œuvre de Nicolas de l'Argilliere. in fol. m. r.
90 Pieces.

106 Œuvre de Jacques Phil. le Bas, premier Gra-
veur du Cabinet du Roi. 2 vol. in fol. très gr. pap.
br. en carton.

107 Les vrais Portraits de quelques-unes des plus

B iv

grandes Dames de la Chrétienté, déguisées en Bergeres. *Amfterd.* 1646, in 4. oblong, m. r.

108 Les différents Coftumes & Habillements des Turcs, avec quelques-unes de leurs Cérémonies, peints à la gouache, *à Conftantinople.* in 8. reliure Orientale.

LIVRE TRÈS-PRÉCIEUX contenant 91 feuillets de papier turc. Il paroît avoir été compofé vers les années 1636 à 1640, fous le regne de Sultan Morat ou Amurat IV, qui y eft repréfenté à cheval. Ce Recueil renferme 73 figures d'hommes & de femmes, & plufieurs chevaux, avec les explications en turc & en françois.

109 Defcription des réjouiffances faites dans la Ville de Rennes, pour la Naiffance de Monfeigneur Louis de France, Duc de Bretagne, arriere-petit-fils de Louis-le-Grand; & de la cérémonie de fes funérailles : enfemble l'Entrée & le Couronnement de François IIIᵉ du nom, Duc de Bretagne, fils aîné de François I, dans la même Ville : avec le Cérémonial du Couronnement defdits Ducs. in fol. m. r. dent. doublé de m. viol.

TRÈS BEAU MANUSCRIT fur papier ; contenant 73 feuillets écrits en *bâtarde*, à longues lignes. Il eft enrichi d'un grand nombre de lettres initiales & de figures parfaitement peintes à gouache, en or & diverfes couleurs.

110 Defcription des Fêtes données par la Ville de Paris, à l'occafion du Mariage de Madame Louife-Elifabeth de France, &c. *Paris, le Mercier*, 1740, in fol. fig. v. m.

111 Repréfentation des Fêtes données par la Ville de Strasbourg, pour la convalefcence du Roi ; deffinées par Weis. in fol. fig. m. r.

112 Relation de l'arrivée du Roi au Havre-de-Grace. *Paris, Guérin,* 1753, in f. fig. v. m.

Architecture.

113 Résolution des quatre principaux Problêmes d'Architecture, par Franç. Blondel. *Paris, de l'Imprimerie Royale,* 1673, in fol. m. r.

114 Les Œuvres d'Architecture d'Antoine le Pautre. 5 vol. in f. gr. pap. v. b.

Art Gymnastique.

115 Le Maniement des Armes ou l'Exercice du Fusil, tel qu'il est pratiqué présentement en France, par l'Infanterie, tant Françoise qu'Etrangere, avec le Salut de l'Esponton ; en l'année 1722. grand in fol. m. r.

Ce Livre consiste en 97 Planches enluminées avec le plus grand soin.

116 Diverses Figures de Cavalerie & d'Infanterie. Grand in f. m. r.

C'est un Recueil de 161 Planches gravées au trait d'après C. Parrocel.

117 Equile Joannis Austriaci, Caroli V, Imp. filii, ad vivum omnes delineati à Jo. Stradano, & à Phil. Galleo editi : 41 fig. === Venationes Ferarum, Avium, Piscium, Pugnæ Bestiarum, &c. ab iisdem depictæ & editæ ; cum 104 fig. coloribus depictis. in fol. oblong. v. f.

118 Description du Manége moderne, par le Baron d'Eisenberg. *La Haye, de Hondt,* 1737, in fol. oblong. fig. v. f.

119 Venationis, piscationis, & aucupicii typi.

Joannes Bol, depingebat, Philip. Galleus excud. in 8. oblong.

Ce Livre confiftant en 47 feuillets, eft enluminé avec foin.

120. Amufements de la Chaffe & de la Pêche. *Amfterdam, Arkftée,* 1743, 2 v. in 12, fig. v. f.

Traités des Jeux d'Exercice, de Divertiffement, &c.

121 Cinquante Jeux divers d'honnête Entretien, inventés par Innocent Rhinghier, & faits fran-çois par Hub. Phil. de Villiers. *Lyon, Pefnot,* 1555, in 4. v. b.

122 Eclairciffements Hiftoriques & Critiques fur l'invention des Cartes à jouer, par M. l'Abbé Rive. *Paris, de l'Imprimerie de Didot l'aîné,* 1780, in 8. m. r.

Exemplaire imprimé fur vélin.

123 Les Triomphes du Berlan, où font déduites plufieurs des tromperies du Jeu, par le Capi-taine I. Perache. *Paris, Guillemot,* 1585, in 8. v. f.

124 Le Paffe-temps de la Fortune des Dez, par Laurens l'Efprit. *Lyon, Didier,* 1582, in 4. vél.

BELLES-LETTRES.

Grammaire.

125 DE la maniere d'enfeigner & d'étudier les Belles-Lettres; par M. Rollin. *Paris, Eftienne,* 1732, 2 vol. in 4. v. m.

126 Deux Dialogues du nouveau langage françois

italianifé ; par H Eftienne. *Anvers , Niergue ,*
1583, in 18. v. f.

127 Les Origines de quelques Coutumes anciennes, & de plufieurs façons de parler tri-
viales. *Caen , Cavelier ,* 1672. in 12, v. b.

POETIQUE.

Poetes Grecs.

128 Anthologie *ou* Recueil des plus beaux Epigrammes grecs , mis en vers françois ; par
P. Tamifier. *Lyon , Pillehotte ,* 1617, in 12,
v. m.

129 Les Œuvres d'Homere , de la verfion de Sal.
Certon. *Paris, Hameau,* 1615, 3 vol. in 8. m. r.

130 L'Iliade d'Homere, trad. en vers françois ;
par H. Salel & par A. Jamyn. *Paris , Breyer,*
1580, 2 vol. in 12, m. r.

131 L'Iliade & l'Odyffée d'Homère ; (trad. en
vers par M. de Rochefort.) *Paris , Saillant ,*
1772, 4 vol. in 8. v. éc.

132 L'Iliade, traduction nouvelle ; par M. le
Brun. *Paris , Barbou,* 1776, 3 vol. in 4.
m. bl.

133 L'iliade d'Homere en vers , par M. le Baron
de Beaumanoir. *Paris, Veuve Duchefne ,* 1781,
2 vol. in 8. baf.

134 Les XXIV Livres d'Homere , traduits en
fables démonftratives , figurées, par Crefpin
de Paffe : chaque Livre rédigé en argument
poétique par I. Hillaire, fieur de la Riviere.
Traj. Bat. 1613, in 4. v. éc.

135 Odes d'Anacréon , trad. par R. Belleau.
enfemble quelques petites Hymnes & quelques

Vers Macaroniques. *Paris, Granion,* 1572, in 18. v. m.

136 Les Œuvres d'Anacréon & de Sapho, trad. en vers françois, par de Longepierre. *Paris, Clouzier,* 1692, in 12. v. b.

137 Les Poësies d'Anacréon & de Sapho, trad. par M^de. Dacier. *Amsterdam, Ve. Marret,* 1716, in 8. v. f.

138 Anacréon, Sapho, Bion & Moschus, Hero & Léandre, (trad. par M. Moutonnet de Clairfonds). *Sous la direction de Lamy, Libraire,* 1782, 2 vol. in 4. gr. pap. m. r. doubl. dé tab.

EXEMPLAIRE UNIQUE, contenant les Dessins originaux d'Eisen, les vingt-huit Tableaux peints en miniature, sur Vélin, les Gravures premieres épreuves, & le texte tiré sur papier d'Hollande.

139 Le Pindare Thébain, traduit du grec en françois, mêlé de vers & de profe; (par de Lagaufie). *Paris,* Lacquehay, 1626, in 8. fig. v. éc.

Poëtes Latins anciens.

140 Catalectes ou Pieces choisies des Anciens, recueillies en deux livres par Jof. Scaliger, trad. en vers, par l'Abbé de Marolles. *Paris,* 1667, in 8. v. b.

141 Les six Livres de Lucrece de la Nature des Choses, trad. en vers françois (par l'Abbé de Marolles). *Paris, Langlois,* 1677. ══ L'Achilléide de Stace, trad. en vers françois (par l'Abbé de Marolles). *Paris, Langlois,* 1678. ══ Les Catalectes des anciens Poëtes Latins trad. en vers françois, (par l'Abbé de Marolles). *Paris, Langlois,* 1675, in 4. v. br.

142 Catullé & Tibulle, trad. en vers françois (par l'Abbé de Marolles). *Paris, Langlois,* 1676, in 4. v. br.

143 P. Virgilii Maronis opera, per Jo. Ogilvium edita & ſculpturis Æneis illuſtrata. *Londini, Roycroft,* 1663, in fol. m. r.

144 Pub. Virgilii Maronis Opera. *Londini, Knapton,* 1750, 2 vol. in 8. fig. gr. p. m. bl.

145 Les Œuvres de Virgile, tranſlatées par Octavien de St. Gelais. *Paris, de la Porte,* 1540, in-fol. goth. v. éc.

146 Les Œuvres de Virgile, trad. en vers franç. par L. Deſmaſures. *Paris, Micard,* 1588, 2 vol. in 12. m. r.

147 Toutes les Œuvres de Virgile, trad. en vers françois; (par l'Abbé de Marolles). *Paris, Langlois,* 1673, 2 vol. in 4. v. m.

148 Les Œuvres de Virgile traduites en françois par l'Abbé Desfontaines. *Paris, Quillau,* 1743, 4 vol. in 8, fig de Cochin, v. f.

149 L'Énéide de Virgile, trad. en vers françois; par P. Perrin. *Paris, Loyſon,* 1658, in 4. fig. v. m.

150 Quinti Horatii Flacci Opera. *Pariſiis, è Typ. Regia,* 1733, in 18. m. viol.

151 Q. Horatii Flacci Opera. *Londini Æneis Tabulis incidit Jo. Pine,* 1733, 2 vol. in 8. fig. v. f.

152 Les Œuvres d'Horace miſes en vers franç. par Luc de la Porte. *Paris, Micard,* 1584, 2 vol. in 12. m. r.

153 Traduction des Œuvres d'Horace en vers françois. *Paris, Nyon,* 1752, 5 vol. in 12, m. r. pap. d'Hollande.

154 Les Hiftoires des Poëtes, comprifes au grand Olympe, en enfuivant la Métamorphofe d'Ovide ; par Chrift. Deffrans. *Niort, Portau,* 1595, in 4. m. r. l. r.

155 Les Méramorphofes d'Ovide, en latin & en françois, de la traduction de P. du Ryer. *Amfterdam, Blaeu,* 1702, in fol. fig. v. b.

156 Les Métamorphofes d'Ovide, trad. en françois, par Du-Ryer. *la Haye, Goffe,* 1728, 4 vol. in 12. fig. m. r.

157 Métamorphofes d'Ovide en rondeaux ; par Benferade. *Paris, de l'imprimerie Royale,* 1676, in 4. fig. v. m.

158 La Métamorphofe d'Ovide figurée. *Lyon, de Tournes,* 1583, in 8. v. m.

159 Le Recueil des Epîtres d'Ovide, tranflatées en rime françoife. in 4. goht. v. f.

160 Les 21 Epîtres d'Ovide, tranflatées de latin en françois, par Octavien de St. Gelais. *Paris, Veuve Trepperel,* in 4. goth. m. cir.

161 Les Vingt-une Epîtres d'Ovide, tranflatées de latin en françois, par Octavien de St. Gelais. *Paris, Regnault,* 1544, in 12. m. v.

162 Les Vingt-une Epîtres d'Ovide, trad. par Ch. Fontaine. — Les Amours de Mars & Vénus, &c. *Lyon, de Tournes,* 1573, in 18. m. r.

163 Les Epîtres amoureufes d'Ovide, en latin & en françois. *Cologne, Marteau,* 1702, in 12. fig. vél.

164 Ovide. Toutes les Pieces qui nous reftent de ce Poëte, lefquelles il compofa pendant fon exil, trad. en vers, (par l'Abbé de Marolles). *Paris, Langlois,* 1678, in 4. v. m.

165 Les Héroïdes d'Ovide. in 4. m. r.

MANUSCRIT fur Vélin, du XVe. fiecle. Il eft écrit en *ancienne bâtarde*, à longues lignes, & contient 38 feuillets. On trouve dans ce volume la traduction en profe de onze Héroïdes d'Ovide.

166 Phædri Fabulæ, & pub. Syri Sententiæ. *Parifiis, ex Typ. Regia*, 1729. in 18, m. bl. gr. pap.

167 Phædri Fabulæ, Luc. An. Senecæ, ac P. Syri Sententiæ. *Aureliæ, Couret de Villeneuve*, 1783, in 18. m. r.

168 La Pharfale de Lucain, en vers françois, par de Brebeuf. *Leyde, J. Elzevier*, 1658, in 12. vél.

169 D. Junii Juvenalis & Auli Perfii Flacci Satyræ. *Londini, Sandby*, 1763, in 8. fig. v. f. gr. pap.

Poëtes Dramatiques Latins anciens.

170 Pub. Terentii Comœdiæ. *Londini, Knapton*, 1751, 2 tom. rel. en 1 vol. in 8. fig. m. bl. gr. pap.

171 Le grand Therence en francoys, tant en rime que en profe, nouvellement imprimé à Paris. *Paris, Jehan le Petit*, 1544, in fol. goth. v. f.

172 La Médée, Tragédie, trad. de Séneque, & autres diverfes Poëfies, par J. de la Perufe. *Poitiers, de Marnef*, in 4. m. r.

Poëtes Latins modernes.

173 La Parthénice Mariane de Baptifte Mantuan, tranflaté de latin en françois, (par Jacq. de

Mortieres). *Lyon, Cl. Nourry*, 1523, in 4. goth. v. f.

174 Les Eglogues de Fr. Baptiste Mantuan, trad. en vers par Laur. de la Graviere. *Lyon, Temporal*, 1558, in 8. v. m.

175 Le Triomphe de Vérité, où font montrés infinis maux commis fous la tyrannie de l'Ante-Chrift, tiré de Mapheus Vegeus, & mis en vers par Pierre du Val. 1552, in 12. m. v.

176 L'Avant-Naiffance de Claude Dolet, compofée en latin par Eft. Dolet, & trad. en vers françois par un fien ami. *Lyon, Dolet*, 1539, in 4. m. bl.

177 La Grand Nef des Fols du Monde, avec plufieurs Satyres, trad. de rime en profe. *Lyon, d'Ogerolles*, 1579, in 4. fig. m. v.

178 Le grand Naufraige des fols qui font en la Nef d'infipience, trad. de Sébaft. Brandt. *Paris, Janot*, in 4. goth. fig. m. citr.

179 La grande Nef des Folles, avec plufieurs Additions nouvellement ajoutées par le Tranflateur, (trad. du latin de Joffe Bade Afcence, par Maître Jean Droyn). *Lyon, d'Ogerolles*, 1583, in 4. fig. v. f.

POETES FRANÇOIS.

Collections & Extraits des Poëtes François.

180 Fabliaux & Contes des Poëtes François des XII, XIII, XIV & XVes fiécles, (publiés par M. Barbafan). *Paris, Vincent*, 1766, 3 vol. in 12. v. m.

181 Recueil de Poëfies du XIIIe. fiecle, contenant

des

des Chanfons, une partie du roman de la Rofe & quelques autres Pieces. in-fol. vél.

MANUSCRIT fur Vélin, du XIV. fiecle, contenant 98 feuillets écrits en *lettres de forme*, fur 2 colonnes.

182 Recueil de Poéfies. in fol.

MANUSCRIT fur Vélin, du XIV. fiecle, écrit fur 2 co-lonnes en *ancienne bâtarde*, contenant 108 feuillets. Il renferme :

1°. La Chronique des Rois d'Angleterre, depuis Cadwala-drus jufqu'a la mort d'Edouard III, mife en vers par Gaffe, en 1155, & continuée depuis.

> En les livers bede des antiquirez
> Cins cens et iiij ans funt coulez
> Apres ke de la uirge ihefu crift fu neez
> Quant le rey kadwaldre leffa fes regnes. . ..

2°. Ici comence afcune profecies des dites merlyn que il dift en fon temps dengleterre. . . . .

3°. Le roman du brut jufqu'à Cadwaladrus, par Gaffe.

> En le tut puiffeant que cel et tere creayt
> Adam noftre pere que home de tere formayt. ...

4°. La chronique des rois d'Angleterre, depuis Cadwaladrus jufqu'à la mort d'Edouard III, mife en vers par Gaffe, & continuée par un anonyme.

183 Recueil de Poéfies. in 4. m. r.

MANUSCRIT fur Vélin, du XVe. fiecle, contenant 21 feuillets, écrits en *ancienne bâtarde*, à longues lignes. Ce Manufcrit contient :

1°. Cy commence la Complainte de lan nouvel que Gran-fon fift pour un Cheualier quil lefcoutoit fe plaindre pres dun bouquet.

> Jadis mauint que par melancolie.

2°. Cy apres senfuit la Complainte Saint Vallentin.

> Je veuil toudis vous plus feruir.

C

3°. Le lay de defir en Complainte Granfon.

> Belle tournez vers moy voz yeulx.

4°. Leftrainne du jour de lan Granfon.

> Joye fante paix et honnour.

5°. La balade de faint Valentin double.

> Il a paffe des ans vij et demi.

6°. Complainte de Granfon.

> Je fouloye de nos yeulx auoir joye

7°. La Paftourelle Granfon.

> Une jeune gentil bergiere.

184 Recueil de Piéces diverfes. in 4. couvert de velours.

MANUSCRIT fur Vélin, du XIV. fiecle, contenant 233 feuillets : il eft écrit en *lettres de forme*, à longues lignes, & décoré d'un grand nombre de miniatures & initiales peintes en or & en couleurs.

Ce Manufcrit renferme les pieces fuivantes :

1°. fol. 10 La Vie de St. Euftache en 1664 vers.

> De diuerfes mors le diuerffent
> Le genz qui ou fiecle conuerffent.

2°. fol. 25 Ce font les X Commandemenz.

> Le premier Commandement que Dieu commande
> c'eft ceslui. . . .

3°. fol. 27 Ici commence Laiderige et conuoitife.

> Nul ne puet les efpericeles batailles receuoir. . . . .

4°. fol. 28 Ici commence le Sermon Saint Benoît.

> Efcoute filz les Commandemenz de ton Meftre . . . .

5°. fol. 30 Ce font les x v joies.

> Fille touz mes efpoirs toute ma ioie. . . .

6°. fol. 33 Ici commence les III Sermons de St. Grégoire.

> Nous auons oi en la lecon de la Sainte Euangile. . . .

7°. fol. 41 La Vie de S. Denys, dont le commencement manque.

8°. fol. 73 Ci commence la Vie de Monfeigneur S. Martin de Vertan.....

> Saint Martin de uertan fu de moult noble lignie. ....

9°. fol. 78 Ici commence la uie Monfeigneur S. Gildas.

    Saint Gildafe fu nez de Bretaigne. . . .

10°. fol. 81 Auctotités.

    Or oiez que noftre Sire dit. . . .

11°. fol 91 De Saint Edouart.

    A la louenge et a lonneur de Dieu.....

12°. fol. 130 Ci Senfieut Balaam et Jozaphas (trad. de S Jean Damafcene).

    An cel temps que les Eglifes et les Mouftiers.

13°. fol. 200 Ci commence Chaton en romanz.

    Seigneurs vous qui metez vos cures
    Es fables et es aventures.

Cette Piéce eft de Jean du Chaftelet, autrement nommé de Paris.

14°. fol. 208 De Doctrinal le Sauuage (356 vers).

    Seigneurs or efcoutes que Dieu vous beneie
    Sorrez bons mos nouiaus qui font fans vilenie.....

15°. fol. 214 Ici funt les moralitez.

    Talent ne eft pris que je reconte.....

185 La Danfe aux Aveugles, & autres Poëfies du xve. fiecle. *Lille, Panckoucke,* 1748, in 12. v. m.

186 Le Livre de plufieurs Pieces, c'eft-à-dire, Recueil de divers Auteurs. *Lyon, Payen,* 1549, in 12. v. m.

187 Le Recueil de tout Soulas & Plaifirs, & Parangon de Poéfies. *Paris, Bonfons,* 1563, in-12. v. br.

188 Recueil de quelques Vers amoureux. *Paris, Patiffon,* 1605, in 8. m. r.

189 Marguerites Poétiques, tirées des plus fameux Poëtes François, tant anciens que modernes, recueillies par Efprit Aubert. *Lyon, Ancelin,* 1613, in 4. v. f.

190 Œuvres Poétiques fur le fujet de la Conception de la Ste. Vierge, compofées par divers Auteurs, recueillies par Ad. Bocage. *Rouen, Feron*, 1615, in 12. v. m.

191 Le Cabinet des Mufes, ou Recueil des plus beaux vers de ce temps. *Rouen, du Petitval*, 1619, in 12. v. b.

192 Les Mufes Gaillardes, recueillies des plus beaux efprits de ce temps. *Paris, du Breuil.* in 12. m. r.

193 Bibliotheque poétique ; ou choix des plus belles pieces de vers, depuis Marot, jufqu'aux poëtes de nos jours. *Paris, Briaffon*, 1745. 4 vol. in 4. gr. pap. m. r.

194 Poéfies choifies de Mrs. Corneille, Benferade, &c. *Paris, de Sercy*, 1653, 5 vol. in 12. v. m.

195 Inventaire général de la Mufe Normande, par David Ferrand. *Rouen*, 1655, in 8 m. r.

196 Le triomphe de Beziers au jour de l'Afcenfion. *Beziers, J. Martel*, 1644, in 12, v. m.

197 Nouveau choix de Poéfies morales & chrétiennes. 1747, 3 vol. in 4. gr. pap. v. éc.

198 Elite des poéfies fugitives. *Londres*, 1769, 5 vol. in 12. v. m.

199 Recueil de pieces choifies, fur les conquêtes & la convalefcence du Roi. *Paris, David*, 1745, in 8. m. viol.

200 Recueil des Contes du fieur de la Fontaine, les Satyres de Boileau, & autres pieces curieufes. *Amfterdam, Verhoeven*, 1669, in 12. v. f.

201 Recueil des meilleurs Contes en vers. *Londres*, 1778, 4 vol. in 12. fig. m. bl.

201 Nouveau recueil des Epigrammatiftes François, anciens & modernes, (par Bruzen de la
Martiniere). *Amſterdam, Weiſtein, 1720, 2*
vol. in 8. baſ.

Poëtes François des XIII. & XIV. ſiecles.

203 Le Roman de Seiner Jaufre lo fill Douon.
in fol. v. f.

MANUSCRIT ſur Vélin, du commencement du XIII.
ſiecle, contenant 62 feuillets : il eſt écrit ſur 2 colonnes en
lettres preſque rondes.

Ce Roman contient environ 9900 vers provençaux. Il eſt
de la plus grande rareté : on n'en trouve point d'autres
Manuſcrits; celui-ci eſt parfaitement conſervé; en voici les
premiers & les derniers vers :

> Dun conte de bona maniera
> Dazaura raſon ueiradeira
> De ſens e de chaualarias
> Dardimens e de corteſias
> De proeſas e dauenturas
> de fortz deſtranias e de duras
> Daſautz dencontre e de batailla
> Podéz auzir la comenzailla
> Que ſe volez cas en dirai
> Aitant com ai auzit ni ſai
> E digaz men ſo quen uolres
> Si en endic, ſi meſcoteus
>
> . . . .
>
> De la cort del bon rei attus
> Cunc nos ſes ab el negus
> que fos en aquella ſazon
> De bon pretz ni de meſion. . . . .

A la fin.

> Ar preguen tuit cominalment
> Que cel que uenc anaiſſiment

C iij

E totz nos autres a faluat
Que sil platz el deing pardonat
A cel quel Romantz comenfet
Ez az quel que lacabet
Dou de tal maniera reinat
En aqueft fiegle ez eftat
Que fia al fien faluament
Amen digatz cominalment.

204 Le Roman d'Agolant & d'Afpremons, in fol. v. f.

MANUSCRIT fur Vélin, du commencement du XIII. fiecle, écrit fur 2 colonnes, & contenant 68 feuillets.

Ce Roman eft fort rare ; il confifte en environ 11900 vers.

Oec fegnur coce dift lo romam
Com uint d'Afrjcha li fort rois Agolam
Après lui maint rois et mant catam
Tant rices princes taint filz de Caftelam
Maint uauuefor maint rice foldam
Après di ces furent des amuftam
Bien funt l. rois toz mefiacent li fram
Avec lor helmum li pro et li ualcam
Uu autre filz ol chon appelle troiam
E cil ciuance vers bretagne la gram
A me millie de la loi di pagam
Se dex non penfe che fift lus et feram
Mal efploiteront la loi de xpiam.

A la fin.

Chante uos ai d'Agolant e delmon
Et de Karle à la fere facom
Et de Giralt le fil al duc boifom
De la bataille qui fu en afpremout
Cent menarent demant reciom
Les avant gardes neft ore fe ces nom
Sefante mille furent li compagnom
Doze rois i ot e quindex duc par nom
Quindex mille en fu con le rois aldragom
Davant Karle auoch fes compagnom

De quinze mille cot giralt le borgognom
De dos parties fi come nos chancom
Ne tornarent la mire à mafom
Mis en la place noront tel guierdom
Que le lor armes nauerent lo perdom
Deforemes fi roman la chancom
E ci fenis que plus nen dirom.

205 La Vie des Peres, & les miracles de la Vierge. in fol. Vélin.

MANUSCRIT fur Vélin, du XIII. fiecle, contenant 160 feuillets. Il eft écrit en *lettres de forme*, fur 3 colonnes.

Un Moine paroît être l'Auteur des Vies des Peres : elles font contées en vers avec beaucoup de naïveté & d'efprit. Gauthier de Coinfi, Moine de S. Médard de Soiffons, & enfuite Prieur de Vi-fur-Aifne, mit en rime, au commencement du XIII. fiecle, les Miracles de la Vierge, contenus dans ce Manufcrit.

206 Ci commence la uie de la douce Vierge Marie. in 8. v. br.

MANUSCRIT fur Vélin, du XIV. fiecle, contenant 86 feuillets. Il eft écrit en *lettres de forme*, à longues lignes. Il commence par ces vers :

Pour parefce qui des empire
Et pour les pereceus defpire
Defpit perefce et pereceuz
Car la parefce empire ceuz
Qui font pereceus fe me famble....

207 Le Roman du Renard. in fol. m. r.

MANUSCRIT fur Vélin, du XIV. fiecle, contenant 167 feuillets. Il eft écrit en *lettres de forme*, fur 2 colonnes. On y voit quinze miniatures. Les fommaires font en rouge.

Nous avons donné dans la Iere. partie du Catalogue des Livres de M. le Duc de la Valliere, t. II, p. 185, n°. 2717, le détail des Contes plaifants renfermés dans ce précieux Manufcrit, qui eft fort bien confervé &très lifible. Ces Contes font pleins de naïvetés, de plaifanteries & de faillies. Un nommé Perrin ou Pierre de S. Cloft, & Richard de Lifon, s'y déclarent Auteurs de quelques-uns.

208 Les Poéfies du Roi de Navarre, avec des notes, (par M. Leveque de la Ravilliere). *Paris, Guérin*, 1742, 2 vol in 8. v. m.

209 Le Roman de Meffire Camels de Camois, d'Hermondine, de Meliador, &c. in fol.

BEAU ET RARE MANUSCRIT fur Vélin, du XIV. fiecle, contenant 225 feuillets. Quelques-uns manquent à la fin. Il eft écrit en *lettres de forme* fur 2 colonnes. Il commence par ces vers, dont la totalité eft d'environ 30800.

> En ce temps que li rois artus
>
> Qui tant fu plain de grans vertus
>
> De fens dhonneur et de larchece,
>
> Regnoit au point de fa idnece
>
> Et quil commençoit à tenir
>
> Grans feftes et à retenir
>
> Chevaliers pour emplir fes fales.....

210 Ci commencent li chapitre du Romanz Maiftre Gofoyn, qui eft apelez ymage du monde. pet. in fol. v. m.

MANUSCRIT fur Vélin, du XIII. fiecle, contenant 44 feuillets. Il eft écrit en *lettres de forme*, fur 2 colonnes, & orné de figures aftronomiques peintes en couleurs.

Cet Ouvrage compofé & mis en vers l'an 1245, par Maître Gofoyn, que d'autres manufcrits appellent Maître Gauthier de Metz, traite d'une partie de la Phyfique & des chofes naturelles, qui étoient connues au treifieme fiecle.

Voyez le Catalogue des Livres de M. le Duc de la Valliere, Ire. Partie, Tom. II, p. 198.

211 La Sancta Vida de Monfegnor Sant-Honorat. in 4. vélin.

MANUSCRIT RARE & bien confervé, du XIV. fiecle, fur Vélin, contenant 116 feuillets. L'écriture eft en *lettres de forme*, fur 2 colonnes, & les fommaires des Chapitres font en rouge.

Cette Vie de S. Honorat de Lérins, en vers provençaux, a été compofée l'an 1300, par un Gentilhomme nommé Raimond Ferand. Elle eft femblable à celle qui eft annoncée dans le Catalogue des Livres de M. de la Valliere, Ire. Partie, Tom. II, p. 741. Les Manufcrits n'en font pas communs : celui-ci eft très lifible.

212 Le Roman de Troye. in fol. v. f. d. f. tr.

BEAU MANUSCRIT fur Vélin, du XIV. fiecle, contenant 181 feuillets. Il eft écrit en *lettres de forme*, fur 2 colonnes, & renferme plus de 29600 vers. Il commence par les fuivants :

> Salemons nous enfeigne et dit
> Et fi trouuons en fon efcrit
> Que nulz ne doit fon fens celer
> Ainfois le doit fi demontrer

Après les 124 premiers vers on trouve le nom du Poëte :

> Cefte eftoire ne mie ufee
> Ne en gueres lieus neft trouuee
> Ja retrete ne fut encore
> Mes beneois de fainte more
> La retenue et fete et dite
> Et a fes mains leftoire efcrite.

Ce Roman finit ainfi :

> Ne li puet pas me fauenir
> Se il en Dieu fe veut tenir
> Ici fenit la miendre eftoiré
> Que nus hons oit mes en memoire

Ben,ois de Sainte More, Auteur de ce Poëme, floriffoit vers le milieu du XIII. fiecle. Il l'a compofé d'après Dares de Phrygie & Dictys de Crete.

213 Ceft li Liures dez ueuz du Paon et des acompliffements, comment chafcuns uoua et acompli. == Le reftor du Paon. in fol. v. f.

MANUSCRIT fur Vélin, du XIV. fiecle, contenant 161

feuillets *en lettres de forme*, à longues lignes, & décoré de quelques miniatures.

Ce Roman eft une fuite de celui d'Alexandre, compofé par Alexandre de Paris & Lambert Li-Cort.

214 Le Roman de la Rofe, (par Guillaume de Loris & Jean de Meun). in fol. m. verd.

MANUSCRIT fur Vélin, du XIV. fiecle, contenant 143 feuillets écrits en *lettres de forme*, fur 2 colonnes, & décorés de plufieurs miniatures.

215 Le même Roman de la Rofe. in fol. goth. v. m.

216 Le même Roman de la Rofe. in fol. goth. v. m.

217 Le même Roman de la Rofe. *Paris, J. Petit*, in fol. goth. m. r.

218 Le même Roman de la Rofe. *Paris, Galliot Dupré*, 1529, in 8. v. f.

219 Le même Roman de la Rofe. *Paris, Vidove*, 1538, in 8. goth. m. r.

220 Le même Roman de la Rofe, avec les notes de l'Abbé Lenglet du Frefnoy. *Amfterdam, Bernard*, 1735, 3 vol, in 12. v. m.

221 Le Roman de la Rofe, moralifé & tranflaté de rime en profe, (par J. Molinet.) *Lyon, Balfarin*, 1503. in fol. goth. vel.

222 Liure de la Fontaine périlleufe, avec la chartre d'amours, (par Guillaume de Lorris), avec le commentaire de Jacq. Gohorry. *Paris, Rueéle*, 1572, in 8. m. r.

223 Œuvres diverfes de maître Jean de Meun. in fol. rélié en bois, couvert de velours verd, avec des coins de cuivre doré.

TRÈS BEAU MANUSCRIT fur Vélin, du XV. fiecle, écrit en *ancienne bâtarde*, fur 2 colonnes, contenant 202 feuillets.

Il eſt enrichi de bordures, lettres initiales & de très jolies figures peintes en or & en couleurs. Il y a deux grandes miniatures d'environ 5 pouces en quarré, & 74 d'une moindre grandeur. Tous les ſommaires des Chapitres ſont en rouge. Une main du XV. ſiecle a écrit des notes ſur les marges du Roman de la Roſe.

Ce Manuſcrit contient :

1°. Fol. 1 Cy commence le rommant de la Roſe, que feiſt Maiſtre Jehan de Meun (& Guillaume de Lorris).

On trouve à la fin du Roman, les 24 vers qui ne ſont que rarement dans les Manuſcrits de ce Poëme.

2°. Fol. 151 Le Teſtament de Maiſtre Jehan de Meun :

Ly Peres et ly Filz et ly Sains Eſperis....

3°. Fol. 178 Piece de 136 vers qu'on peut intituler : *le Songe de Maître Jean de Meun*. Il eſt très rare. En voici les premiers vers :

Jeſtoie lautre jour en contemplacion

Et auoie tourne uers Dieu mentencion. ...

4°. Fol. 180 Le Codicile Maiſtre Jehan de Meun.

O glorieuſe Trinite.

Cette Piece, dans la plupart des Manuſcrits, porte le titre de *Tréſor*.

5°. Fol. 200 Le Codicile de Maiſtre Jehan de Meun.

Dieux ait mercy des trepaſſez...

Cette Piece n'a aucun titre; mais ſon véritable, ſelon un grand nombre de Manuſcrits, eſt celui de *Coäicile*.

224 Le Codicile & Teſtament de maître Jehan de Meun.══Conſeil pourfitable contre les ennuis & tribulations du monde. in 4. goth. v. f.

225 Le Plaiſant Jeu du Dodechedron de fortune, (par Jehan de Meun, revu par Fr. Gruget). *Paris, Bonſons*, 1577, in 8. v. f.

226 Le Livre de Gaces de la Bigne ou Buigne, des déduits de la chaſſe. in fol. m. bl.

TRÈS BEAU MANUSCRIT ſur Vélin, du XV. ſiecle, écrit ſur deux colonnes, en *ancienne bâtarde*, contenant 75 feuillets ornés de lettres initiales peintes en or & en couleurs. La premiere page est enrichie d'une belle bordure & d'une grande & superbe miniature de près de 7 pouces en quarré : elle représente un Roi de France, assis sur son Trône, & l'Auteur à sesgenoux, lui présentant un livre Les armes d'un Prince de la Maison de Lorraine sont au bas de la page.

Cet Ouvrage sur la Chasse est en vers, & fut commencé à Helfort en Angleterre, l'an 1359, par l'ordre du Roi Jean, pour l'instruction de son quatrieme fils, Philippe, Duc de Bourgogne, il fut achevé depuis à Paris. M. de Sainte Palaye en a donné un long extrait dans le tome III de ses Mémoires sur la Chevalerie, p 389.

227 Le Roman du Chevalier au Lion, & du Chevalier à la Charrete, mis en vers par Chrétien de Troye; le Roman de Judas Machabée, (par Gaultier de Belle Perche). in fol. m. cit.

MANUSCRIT sur Vélin, des premieres années du XIV. siecle, contenant 70 feuillets Il est écrit en *lettres de forme*, sur 2 colonnes, & enrichi de quelques miniatures.

Ce Manuscrit est imparfait en un ou deux endroits.

228 Recueil de Poésies anciennes. in 4. m. r.

MANUSCRIT sur Vélin, du XIV. siecle, contenant 250 feuillets. Il est écrit en *lettres de forme*, sur 2 colonnes, avec des sommaires en rouge. Il renferme les pieces suivantes :

1°. Chi commenche li liures de le grace de Dieu qui est dis le pelerinage de humaine lignie et le fist dans Guillaumes de Guigneuille uns moines del abbeye de Chaalis et fu fais en l'an de grace mil trois cens et xxxij.

2°. Che sont les materes qui sont contenues en cest liure qui est appeles le Mapemonde si le fist Maistre Gautiers de mies en Lorraine uns très boins phyllosophes (composée en 1245).

3°. Chi commenche li livres del example du riche homme

et du ladre et fu fais à la Fere sur Oyse dun cauonne del eglise en l'an mil trois cens et liij.

> Chils qui tout scet et qui tout uoit
> Me doinst sa grace et me pouruoit
> De diter ce que jai empris
> Car de diter ne suis appris.

229 Le Roman des trois Pélerinages, (par Guil. de Guileville). in 4. goth. m. bl.

230 Le Pélerinage de vie humaine, translaté de rime en prose, (par J. Gallopez). *Lyon, Mathis Huss*, 1486, in fol. goth. fig. v. m.

231 Le livre de Bonne Vie, qui est appellé Mandevie, (par Jean Dupin). *Chamberry, Ant. Neyret*, 1485, in 4. goth. m. bl.

Poëtes François du XV. siecle.

232 Le Livre de Matheolus qui vous montre sans varier les biens & aussi les vertus qui vieignent pour soi marier, &c. 1492, in fol. goth. m. bl.

233 La Métallique Transformation, contenant trois anciens traités en rime françoise : à savoir la Fontaine des Amoureux, (par Jean de la Fontaine). Les Remontrances de nature à l'Alchymiste, &c. (par Jean de Meun) *Lyon, Rigaud,* 1618, in 8. v. f.

234 Les cent Histoires de Troye, l'Epître de Othea, envoyée à Hector de Troye, (composée par maitre Thomas de Pisan, Chrétienne de Pise). *Paris, P. le Noir,* 1522, in 4 goth. fig. en bois. rel. en peau.

235 Le Chemin de Longue Etude, (par Christine. de Pisan). en vers. in fol.

MANUSCRIT fur papier, du XVI. fiecle, contenant 130 feuillets. L'écriture est l'*ancienne bâtarde*.

236 Le liure de la Mutacion de Fortune, fait & accompli le viij.^me iour de Nouuembre lan de grace mille iiij.^c & iij. Et est diuife ledit liure en vij parties. in fol. m. r.

TRÈS BEAU MANUSCRIT fur Vélin, du XV. fiecle, écrit fur 2 colonnes, en *ancienne bâtarde*, & contenant 140 feuillets. Les fommaires font en rouge, & les initiales peintes en or & en couleurs. Ce Manufcrit ne contient que fix livres de l'ouvrage de Chriftine de Pifan, intitulé : *la mutation de fortune*. Chaque livre eft enrichi d'une miniature très jolie, qui porte environ trois pouces en quarré. On voit au premier feuillet du texte, les armes de Mallet-Graville, mi-parties de celles de Balfac-Entragues. Ce qui donne à connoître que ce Manufcrit faifoit autrefois partie de la Bibliotheque de l'Amiral de Graville, dont hérita Claude d'Urfé, & qu'il augmenta confidérablement. Elle fut fondue, en 1775, dans la Bibliotheque de M. le Duc de la Valliere.

237 Les Œuvres de feu M.^tre Alain Chartier. *Paris, Galliot Dupré*, 1529, in 8. m. cit.

238 Les Faits & Dits de maître Alain Chartier. *Paris, P. le Noir*, in 4. goth. v. m.

239 Les Faits de maître Alain Chartier. *Paris, Pierre le Caron*, in fol goth. v. f.

240 Le Champion des Dames, (par Martin Franc.) in fol. goth. m. r.

241 Le Champion des Dames, (par Martin Franc). *Paris. Galliot Dupré*, 1530, in 8. v. f.

242 Le Noble livre de Floret. in 12 goth. m. r.

243 La Grande Danfe Macabre des Hommes & des Femmes. *Paris, Groulleau*, 1550. in 12. fig. m. r.

244 La Danfe Macabre, avec figures gravées par M. Merian. *Francfort, Jahr,* 1696, in 4. v. m. en allemand.

245 Sermon des Repues franches de Mtre Franç. Villon. ⹀ Le Grand Teftament de Franc. Villon. 2 vol. in 8. goth. v. éc. & v. m.

246 Les Œuvres de François Villon. *Paris, Couf-telier,* 1723. in 8. v. f.

247 La Vie de Mde. Sainte Marguerite, Vierge & martyre, avec fon Antienne & Oraifon. in 4. goth. v. m. ⹀ La même Vie, imprimée en *lettres rondes.* in 8.

248 Le Doctrinal de Mtre Pierre Michault (com-pofé en 1466). in fol. goth. maroquin à com-partiments, doub. de m. dent. & tabis.

249 L'Abufe en Court (en vers & en profe). ⹀ Le Temple de Bocace, fait par George Chaftel-lain (en profe). in fol. v. f.

MANUSCRIT fur papier, du XV fiecle, contenant 116 feuillets. Il eft écrit en *ancienne bâtarde,* à longues lignes, par deux différentes mains.

250 Les Œuvres de Maitre Guil. Coquillart. *Lyon, Fr. Jufte,* 1535. in 12. goth. v. f.

251 Les Œuvres de Mtre Guillaume Coquillart. *Lyon, Rigaud,* 1579. in 8. m. cit.

252 Les Poëfies de Guillaume Coquillart. *Paris, Couftelier,* 1723, in 8. v. f.

253 Les Droits nouveaux, avec le Débat des Dames & des Armes, &c. (par Guil Coquil-lart). *Paris, à l'Ecu de France.* ⹀ Le Style de Parlement, & des Requêtes du Palais. *Paris,* 1524. in ... goth. m. cit.

254 Les Lunettes des Princes (par J. Mefchinot).

Paris, Pigouchet, pour S. Voftre, 1599, in 8. goth. m. cit. l. r.

255 Le Jardin de Plaifance & Fleur de Rhétorique. *Paris, Mich. le Noir.* in 4. goth. vel.

256 Le Roufier des Dames, *five* le Pélerin d'Amours (par Bertrand Defmarius de Mafan). == L'Art & Science de Rhétorique, pour faire Rimes & Balades. *Paris.* == Le Refveur, avec fes Refveries. == La Forêt de Trifteffe, compofée par Mtre. Jean de Meun, avec l'Epître du Salutaire au Mondain. *Paris.* == Le Grand Blafon des fauffes Amours (par Frere Guillaume Alexis). in 8. goth. v. m.

257 Recueil de quelques Poéfies de George Chaftelain .in 4. m. r.

MANUSCRIT fur Vélin, du XV. fiecle, de 32 feuillets. Il eft écrit en *ancienne bâtarde*, à longues lignes, & enrichi de trois jolies miniatures d'environ 5 pouces de haut fur 4 de large.

Ce Manufcrit contient :

1°. Cy commence ung dictier contemplatif et fort devot compile par George Caftellin fur le falut angelicque *Ave Maria.*

Avec Angelicque falut. . . .

2°. Hympnes, louanges et canticques ditz Georgines de Georges Caftellin auteur et compofeur d'icelles en l'onneur de la glorieufe et facree Vierge Mere du doulx Jefus Marie et furent ecriptes a Rethel, 1494.

Querant lung œil envers le ciel eftendre.

3°. Senfuyt une defcription de douze dames defquelles la premiere eft fcience.

Science fuis dame contemplatiue.

258 Traités finguliers. Les trois Comptes intitulés : *de Cupido & Atropos,* trad. de l'italien
de

de Seraphin, &c. *Paris, Galliot du Pré.* 1525. in 8. goth. m. r.

259 Les Faits & Dits de feu de bonne mémoire Maiftre Jehan Molinet. *Paris, J. Longis,* 1531. in fol. goth. v. m.

260 Les Faits & Dicts de feu de bonne mémoire Maiftre Jehan Molinet. *Paris, Yvernel,* 1538. in 8. goth.

261 Le Temple d'Honneur & de Vertus, par J. Molinet. *Paris, Mich. le Noir,* 1504. in 4. goth. m. r.

262 Les Vigiles de la Mort du Roi Charles VII, (par Martial de Paris dit d'Auvergne). *Paris, Jehan Dupré,* 1493, in fol. goth. m. bl.

263 Les Poéfies de Martial de Paris dit d'Auvergne. *Paris, Couftelier,* 1724, 2 vol. in 8. v. m.

264 Livre d'Amours, auquel eft relaté la Grande Amour de Pamphile & de Galathée ; & le moyen comme il en peut jouir. *Paris, J. de Marnef,* 1545. in 18. fig. m. bl.

265 Le Chevalier Délibéré, (par Olivier de la Marche). *Paris, J. Lambert,* 1493. in 4. goth. m. b.

EXEMPLAIRE imprimé fur Vélin, avec miniatures. Il manque le premier feuillet.

266 Le Parement & Triomphe des Dames d'Honneur, en rime & en profe (par Olivier de la Marche). *Paris, Petit,* 1510. in 8. goth. m. r.

267 Le Vergier d'honneur de l'entreprife & voyage de Naples; par Octavien de St. Gelais, & Mtie Andry de la Vigne. in fol. goth. v. f.

268 La Chaffe & le départ d'amours, par Octa-

D

vien de St. Gelais, & Blaise d'Avriol. *Paris,*
Ant. Verard, 1509. in fol. goth. v. m.

269 Le Séjour d'honneurs, par Octavien de
Saint Gelais. *Paris, Verard*, 1519. in 4. goth.
m. r.

270 Les Souhaits & Beautés des Dames, avec la
fille comparée à la vigne. *Paris, I. T.* in 4.
goth. v. m.

271 Le Chevalier aux Dames qui pour les garder
de tous blames fait grand prouesse & vaillance.
Metz, Gasp. Hochfeder, 1516. in 4. goth m. r.

272 Les Ventes d'Amours. in 4. goth. rel. en
cart.

273 La Contenance de la table. (*Paris, J. Trep-*
perel). in 4. rel. en cart.

Poëtes François du XVI. siecle.

274 Recueil de Poésies. in 4. m. à compartiments.

TRÈS BEAU MANUSCRIT sur Vélin, du XVI siecle,
contenant 79 feuillets écrits en *ancienne bâtarde*, à longues
lignes : il est enrichi de deux miniatures qui ont 7 pouces
& demi de haut & 5 pouces de large. Les initiales sont
peintes en or & en couleurs, & les sommaires sont écrits en
rouge.
Ce Manuscrit renferme :

1°. La victoire et triumphe dargent contre le dieu damours
nagueres vaincu dedans Paris.

Au moys de may amour print ses sagettes. . . .

2°. La responce des oracles de apollo reuelle par la
saincte sybille Cumee lan de grace mil cinq cens trante
et ung de la diuine et merueilleuse destinee des tres
nobles et tres illustres princes les trois enfans de france
par les trois fleurs de lys mysticquement figurez.

Un jour deste le long dune praerie. . . .

3°. La vision et prodiges celestes precedens le trespas de madame mere du roy.

> Phebus baignoit ses coursiers par les undes. . . .

4°. La légende de madame sainte ualere uierge et martire (en prose).

> Ou le temps que gayus fut nomme jules cesar. . . .

275 Le catholicon des mal advisés, autrement dit le cymetiere des malheureux, par Mtre Laurent Desmoulins. *Paris, J. Petit,* 1513. in 8. goth. m. bl.

276 Chants royaux, oraisons & autres petits traités, par Guill. Cretin. *Paris, Galliot du Pré,* 1527. in 8. goth. v. f.

277 Les Poésies de Guillaume Cretin. *Paris, Coustelier,* 1723. in 8. v. f.

278 Debat entre deux dames, sur le passe temps des chiens & des oyseaulx. in 4. couvert de velours.

MANUSCRIT sur Vélin, du commencement du XVI. siecle, contenant 27 feuillets. Il est écrit en *ancienne bâtarde,* à longues lignes. Il consiste en 161 strophes de 8 vers chacune, & commence ainsi :

> En la saison que le joly verd dure.

279 Le debat entre deux dames sur le passetemps des chiens & des oiseaux, en vers. === Le loyer des folles amours, par Guil. Cretin. En vers. *Paris, Soquand,* 1528. === Le voyage de la Ste cité de hierusalem. En prose. *Paris, Lotrian.* === Le traité des eaux artificielles & proprietés dycelles. En prose. *Rouen, Berthelot.* === Le debat de l'homme & de l'argent. *Paris, Lotrian.* === L'art et science de bien parler & soi taire avec la maniere de mentir & dire vrai ensemble, & aussi de mentir jocose sans pecher. En vers. *Paris,*

D ij

Soquand, 1527. === La pronostication des hommes & des femmes, de leurs nativités, influences, &c. en prose. === Les rues & Eglises de Paris, prose & vers. === Le chemin de Paris à Lyon, de Lyon à Venise, &c. Prose. === Plusieurs nouveautés joyeuses & profitables, par Symon de Milan. Prose. === La replique faite par les dames de Paris, contre celles de Lyon. En vers. Le procés des femmes & des puces, composé par un frere mineur pelerin retournant de Hirielendes, ou il apprit la vraie recepte pour prendre et faire mourir les puces. En vers. === Le chemin de l'hopital et ceux qui en sont possesseurs. Prose. === Le secret des secrets de Aristote, pour connoitre les conditions des hommes et des femmes. Prose. === Les grands & merveilleux faits du seigneur Nemo, avec les privileges qu'il peut avoir. En vers. === Les faits merveilleux de Virgile. Prose. === Les demandes d'amour avec les reponses. Prose. Les menus propos avec le temps qui court. En vers. *Paris, Lotrian.* === Le purgatoire St. Patrice. Prose. *Paris, à l'écu de France.* in 8. goth.

Recueil très précieux par les pieces qu'il contient.

280 La Legende de Mtre. Pierre Faifeu, mise en vers par Charles Bourdigné. *Paris, Couflelier,* 1723. in 8. v f.

281 La Passion de notre Seigneur. in 8. v. br.

Manuscrit sur Vélin, du XVI siecle, contenant 45 feuillets. Il est écrit en *ancienne bâtarde*, & enrichi de 27 miniatures peintes en cama eu gris, & portant près de 3 pouces de largeur sur 2 pouces de hauteur. Elles représentent les principaux sujets de la Passion de notre Seigneur. Il

y a fous chacun une priere en 15 vers, & quelquefois da-
vantage, précédée d'un rondeau.

On trouve le nom de l'Auteur de ces Poéfies, par acrof-
tiche, dans les premiers & les derniers vers. Il s'appelloit
Jacques le Lieur: il vivoit au commencement du XVI fiecle,
& a compofé plufieurs pieces en l'honneur de l'immaculée
Conception de Notre-Dame de Rouen, fa patrie.

282 L'Advocat des Dames de Paris, touchant
le pardon de Saint Trotet (par Maximien).
in 8. m. r.

Le premier feuillet eft manuscrit.

283 La foreft de confcience, contenant la chaffe
des Princes fpirituelle, par Guil. Michel dit
de Tours. *Paris, le Noir*, 1516. in 8. goth.

284 Le palais des nobles Dames, à la louange
des Dames, par Jean Dupré. in 8. goth. m. r.

285 Le remede d'amour compofé par Æneas
Silvius, trad. en vers franç. par Albin des
Avenelles. *Paris, à l'écu de France.* in 4.
goth. v. f.

286 Le livre des Pretres. in 4. goth. m. bl.

287 Le chateau de Labour, avec aucunes Ballades (par Pierre Gringore). *Paris, S. Voftre*,
1500. in 8. goth. m. r.

288 Les folles entreprifes (par P. Gringore).
Paris, à l'écu de France, in 4. goth. m. v. dent.

289 Les fantaifies de mere fotte (par P. Gringore). *Paris*, in 4. goth. v. f. Imparfait.

Imprimé fur Vélin.

290 Les fantaifies de mere fotte (par P. Gringore). (*Paris*, 1516). in 4. fig. goth. m. bl.

291 Les menus propos, compofés par P. Grin-

D iij

gore. *Paris*, *P. le Noir*, 1522. in 8. goth. vel. verd.

292 Contredits de Songecreux, par Pierre Gringore. *Paris*, *Galliot du Pré*, 1530. in 8. goth. m. bl.

293 Notables enseignements, adages & proverbes, composés par P. Gringore. *Paris*, *Regnault*, 1528. in 8. goth. m. r.

294 Heures de Notre-Dame, translatées de latin en françois, & mises en rime par P. Gringore. *Paris*, *Odin Petit.* === Chants royaux, par le même. *Paris*, 1541. in 8. fig. v. b.

295 Heures de notre Dame, translatées de latin en rime françoise, par P. Gringore. *Paris*, *J. Petit*, in 4. goth. v. éc.

296 Heures de notre Dame, en vers françois & en latin. *Paris*, *Ant. Verard*, in 4. goth. v. b.

Imprimé sur Vélin, avec figures enluminées.

297 Rondeaux en nombre trois cent cinquante, singuliers & à tous propos. *Paris*, *Sergent.* in 8. goth. v. f.

298 Rondeaux nouveaux jusqu'au nombre de cent et trois, contenant plusieurs menus propos de deux vrais amants. *Paris*, *à l'enseigne de St. Nicolas.* in 8. goth. v. éc..

299 Les regnards traversant les perilleuses voyes des folles fiances du monde, par Seb. Brandt (J. Bouchet). *Paris*, *Verard.* in fol. goth. m. r. l. r.

300 S'ensuyvent les regnards traversant les perilleuses voyes des folles fiances du monde, par Sebastien Brandt (Jean Bouchet). *Paris*, *Phi-*

lippe le Noir, 1530. in 4. goth. fig. parchemin.

301 Le Labirinthe de fortune et le féjour des trois nobles dames (par J. Bouchet). *Paris, P. le Noir.* in 4. goth. m. r.

302 Opufcules du traverfeur des voyes perilleufes, (J. Bouchet). *Poictiers , Bouchet ,* 1525. in 4. m. cir.

303 Les angoyffes et remedes d'amours, du tra-verfeur (J. Bouchet). *Poitiers,* 1536. in 8. v. b.

304 Le jugement poerique de l'honneur feminin et féjour des illuftres , claires et honneftes Dames (par J. Bouchet). *Poictiers, de Marnef,* 1538. in 4. goth. m. bl.

305 Les Triumphes de la noble & amoureufe dame & l'art de honneftement aymer , par Jean Bouchet. *Paris , Jean Réal ,* 1541. in 8. goth. v. m.

306 Epitres morales et familieres du traverfeur (Jehan Bouchet). 1545. in fol. m. cir. l. r.

307 Le livre de la Deablerie, par Eloy Damerval. (*Paris , M. le Noir,* 1508). in fol. goth. m. r.

308 La fource d'honneur, pour maintenir la cor-porelle élégance des dames en vigueur fleurif-fant. *Lyon , Morin ,* 1532. === Dialogue du bien de paix et calamité de guerre (par Guy Breflay). *Paris , Galliot du Pré.* === Le livre de Faeft (tranflaté du latin par Jacq. de la Hogue). Contemplation fur la mort de Mde. la Regente, mere du Roi François premier. *Paris, Galliot du Pré,* 1535. === Hecatomphile. *Paris, Galliot du Pré,* 1534. === La divine connoif-fance , compilée du vieux & du nouveau Tefta-ment , par Nicolas de Mailly. *Paris , Galliot du Pré,* 1541 , in 8. v. f.

D iv

309 Recueil des Œuvres de Jean Marot. *Lyon,*
Fr. Jufte, 1537. in 12. v. f.

310 Les Œuvres de Jean Marot. *Paris, Coufte-*
lier, 1723. in 8. v. f.

311 Les Œuvres de Clément Marot. *Lyon,*
Dolet, 1543. in 8. m. r.

312 Les Œuvres de Clément Marot. *Lyon, de*
Tournes, 1546. in 12. v. m.

313 Les Œuvres de Clément Marot. *Paris* ,
1551. in 12. m. bl. l. r.

314 Les Œuvres de Clément Marot. *La Haye,*
Moetjens, 1700. 2 vol. in 12. v. m.

315 Œuvres de Clément Marot. *La Haye, P.*
Goffe , 1731. 4 vol. in 4. v. f.

316 Plufieurs traités, par aucuns nouveaux poetes, du different de Marot, Sagon, et la Hue-
terie. 1537. in 18. v. b.

317 Les controverfes des fexes mafculin et feminin (par Gratien Dupont). *Tolofe, Colo-*
miez, 1534. in fol. ═══ Requete du fexe mafculin contre le fexe feminin. 1534. in 4. v. b.

318 Controverfes des fexes mafculin & feminin
(par Gratien Dupont). *Paris, J. du Pré,* 1541.
in 8. m. r.

319 L'epitre du chevalier Gris , envoiée à la tres
facrée Vierge Marie (par Eft. Dame). *Lyon,*
Labauit in 8. goth. rel. en cart.

320 L'efperon de difcipline pour inciter les hu-
mains aux bonnes lettres, par Ant. du Saix.
Paris, Janot, 1539. in 8. v. b.

321 Le teftament fin rubin de Turquie, avec
l'epitaphe du deffunt fot Tribolet. *Imprimé*
pour Clément Longis. in 8. goth. v. f.

322 Les fecrets & loix de mariage , compofés

par le fecretaire des Dames. in 8. goth. m. r.

323 Le livre des vifions fantaftiques du banny de Liefle (par Fr. Habert). *Paris, les Angeliers,* 1542. = Le fecret d'amours, par Michel d'Amboyfe. *Paris, les Angeliers.* == La Pandore de Janus Olivier, trad. en vers franc. par Guill. Michel. *Paris, les Angeliers,* 1542. === La nouvelle Venus, par laquelle eft entendu pudique amour, par Fr. Habert. *Paris, Arn. l'Angelier.* in 8. baf.

324 L'Inftitution de liberalité chreftienne, avec la mifere & calamité de l'homme naiffant en ce monde, par Fr. Habert. *Paris, Thyout,* 1551. in 8. m. cit.

325 L'amour de Cupido & Pfyché, mere de volupté, prife de la metamorphofe de L. Apuleius, expofée tant en vers italiens que françois. *Paris, Jeanne de Marnef,* 1546, in 8. m. bl.

326 L'amour de Cupido & de Pfyché mere de volupté, prife de la métamorphofe de Lucius Apuleius hiftoriée & expofée en vers françois, avec des figures gravées par Leon. Galter. in 8. m. v.

327 Les divers rapports, contenant plufieurs Rondeaux, Ballades, Epitres, enfemble une du coq à l'afne, & une autre de l'afne au coq; fept blafons anatomiques du corps feminin. La réponfe du blafonneur du cul a l'auteur de l'apologie contre lui, &c. (par Euftorg de Beaulieu). *Lyon,* P. de Ste. Lucie, dit le Prince, 1537. in 8. v. éc. Très rare.

328 Les difputes de Guillot le Porcher & de la bergere de St. Denys, contre Jean Calvin (par Artus Defiré.) *Troyes, Oudot.* in 12. v. m.

329 Les batailles & victoires du chevalier céleste contre le chevalier terrestre (par Artus
Desiré). *Rouen, Dumesnil*, in 12. v f.

330 Œuvres spirituelles & morales d'Anne Comte
d'Urfé. in fol. vélin.

MANUSCRIT autographe très précieux, contenant 277
feuillets. La plus grande partie des pieces qu'il renferme
n'ont pas été imprimées. L'auteur étoit frere d'Honoré
d'Urfé. Il mourut en 1621.

331 Le Martyre amoureux, histoire joyeuse &
recreative. *Paris, Lotrian*, 1540. in 12. fig. v. f.

332 La vie de N. S. Jesus-Christ, selon les quatre
Evangelistes. *Anvers*, 1541. in 8. fig v. b.

333 La foy se complaingnant (& incitant toutes
les puissances à se liguer contre les turcs). in fol.
couvert de velours.

TRÈS BEAU MANUSCRIT sur Vélin, du XVI. siecle, contenant 10 feuillets. Il est écrit en *ancienne bâtarde*, à longues
lignes, & enrichi d'une très jolie miniature qui porte cinq
pouces en quarré.

> Triste et dolente sur toute langoureuse
> Las que feray je moi poure douloureuse. . . .

334 Le Puy du souverain amour tenu par la
Déesse Pallas, par le vray perdu, ou le vray
prélude (par P. Duval). *Rouen de Burges*,
1543. in 8. m. v.

335 Les actes & dernier supplice de Nic. le
Borgne, dit Buz, traistre, redigés en rime,
par Josse Lambert, & Rob. de la Visscherye.
Gand, J. Lambert, 1543. in 4. v. f.

336 Le mespris de la cour, avec la vie rustique,
trad. d'espagnol en françois. *Paris, Gallioi
du Pré*, 1544. in 12. m. viol.

337 Delie objet de plus haulte vertu. *Lyon, Sabon*, 1544. in 8 v. f.

338 Recueil des Œuvres de feu Bonaventure des Perriers. *Lyon, de Tournes*, 1544, in 8. v. m.

339 Les Œuvres poétiques de Jacques Peletier. *Paris, Vafcofan*, 1547. in 8. v. f.

340 La Savoye de Jacques Peletier. *Anecy, Bertrand*, 1572. in 8. vel.

341 Marguerites de la Marguerite des Princeffes, tres illuftre reine de Navarre. *Lyon, de Tournes*, 1547. in 8. v. b.

342 Recueil de Poefie, préfenté à M^de. Marguerite, fœur du Roi, par I. D. B. A. *Paris, Cavellat*, 1553. in 8. v. m.

343 Anagrammes & fonnets, dediés à la reine Marguerite, par Jacques de Fonteny. 1606. in 4. vélin.

Exemplaire imprimé fur Vélin.

344 Le Tombeau de Marguerite de Valois, royne de Navarre. *Paris, Fezandat*, 1551. in 8. vélin.

345 Le chant des feraines. *Paris, Corrozet*, 1548. in 12. v. f.

346 Repos de plus grand travail (par Guil. des Autelz). *Lyon, de Tournes*, 1550, in 8. parch.

347 La paix venue du ciel, avec le tombeau de l'empereur Charles V, par Guil. Desautels. *Anvers, Plantin*, 1559. === Comedie & rejouiffance de Paris fur les mariages du Roi d'efpagne & du prince de Piedmont, aux princeffes de france, par Jacq. du Bois. *Paris, de Harfy*, 1559. === La guerre cruelle entre le roi blanc

& le roi maure, trad. par Desmasures. *Paris,*
Sertenas, 1556. in 4. v. f.

348 La louange des femmes, invention extraite
du commentaire de Pantagruel, sur l'androgine
de Platon. 1551, in 8. v. f.

349 Les cent psalmes de David, trad. en rime
françoise, par Jean Poitevin. *Poitiers, Pele-*
zier, 1551. in 12. m. r.

350 Imagination poétique, trad. en vers franç.
des latins & grecs (par B Aneau). *Lyon. Bon-*
homme, 1552. in 8. m. bl.

351 St. Eucher à Valerian, exhortation rationale
retirant de la mondanité & de la philosophie
prophane, a Dieu & a l'etude des saintes lettres, trad en vers franc. (par Barth. Aneau).
Lyon, Bonhomme, 1552. in 4. v. m.

352 Le livre de Job, trad en poésie francoise,
par A. du Plessis. *De l'imprimerie de J. Gerard,*
1552, in 8. m. r.

353 Discours des champs faez a l'honneur &
exaltation de l'amour & des Dames, par de
Taillemont. *Lyon, du Bois,* 1553, in 8. rel.
en cart.

354 Erreurs amoureuses (par Ponthus de Thyard).
Paris, le Bret, 1554. in 12. v. m.

355 Erreurs amoureuses. Plus, un livre de vers
lyriques. (par Ponthus de Thyard). *Lyon, de*
Tournes, 1555. in 8. m. r.

356 Les ruisseaux de fontaine, œuvre contenant
épitres, élégies, &c. par Charles Fontaine.
Lyon, Payan, 1555. in 8. m. cit.

357 Les Odes d'Olivier de Magny. *Paris, Wechel,*
1559. in 8. m. r.

BELLES-LETTRES. 61

358 Prieres chrétiennes. in 8. m. r. avec dentelles : reliure très riche.

MANUSCRIT fur Vélin, du XVI. fiecle, contenant 51
feuillets. Il eſt écrit en *ancienne bâtarde*, & décoré de 24
miniatures. Ce livre eſt extrêmement curieux, en ce que
toutes les marges de chaque page ſont découpées en dentelles avec divers ornements. Les Prieres qu'il renferme
ſont en vers.

359 L'Olimpe de Jacques Grevin. *Paris, Rob.
Eſtienne*, 1560. in 8. v. br.

360 La chaſſe d'amour, avec les fables de Nar-
ciſſe & de Cerbere, par Fr. de Belleforeſt.
Paris, Groulleau, 1561. in 8. m. cit.

361 La Polymachie des marmitons, en laquelle
eſt amplement décrite l'ordre que le Pape veut
tenir en l'armée qui veut mettre ſus pour l'ele-
vement de ſa marmite. 1562. in 8. rel. en cart.

362 Le limas d'Ubert Phil. de Villiers. *Paris,
du Chemin*, 1564. === Les amours d'Olivier
de Magny. *Paris, Groulleau*, 1553. === Recueil des Œuvres de feu Bonaventure des
Perriers. *Lyon, de Tournes*, 1544. === La
Tricarite Plus. quelques chants en faveur de
pluſieurs damoiſelles, par C. de Taillemont.
Lyon, Temporal, 1556. === Inſtructions fur
le fait de la guerre, extraites de Polybe, Fron-
tin, &c. *Paris, Vaſcoſan*, 1553 in 8. vel.

363 Cinq livres de l'Erynne françoiſe, par Ph.
Hub. de Villiers. *Paris, le Blanc*, 1585. in 4.
v. m.

364 Commentaire des guerres civiles de notre
temps, d'Honoré Henry. *Avignon, Roux*, 1565.
in 4. vel.

365 Divers poemes de I. du Bellay. *Paris, Morel*, 1568. in 8. v. f.

366 Defcription de la fource d'erreur, de fes maux, & des remedes qui lui font propres, par Arn. Sorbin. *Paris, Chaudiere*, 1570. === Etrennes logogriphes du Théâtre & du Parnaffe, avec la clef. 1741. in 12. v. m.

367 L'Encyclie des fecrets de l'éternité, par Guy le Fevre de la Boderie. *Auvers, Plantin*, 1570. in 4. m. r.

368 La Galliade, ou de la révolution des arts & des fciences, par Guy le Fevre de la Boderie. *Paris, Chaudiere*, 1578. in 4. v. m.

369 Les Œuvres poétiques de Claude Turrin. *Paris, J. de Bordeaux*, 1572. in 8. m. cit.

370 Œuvres en rime de Jean Ant. de Baif. *Paris, Breyer*, 1573. in 8. v. f.

371 Les mines, enfeignemens & proverbes de J. Ant. de Baif. *Paris, Patiffon*, 1597. in 12. v. m.

372 La camille de P. Bothon; enfemble les refveries d'un amant défefpéré. *Paris, Ruelle*, 1573. === Les metamorfofes de Cupido, par Fr. Habert. *Paris, Kerver*, 1561. in 8. vel.

373 La vie, faits, paffion & réfurrection de N. S. Jefus - Chrift, par Mich. Foucqué. *Paris, Bien Né*, 1574. in 8. m. r.

374 Les Œuvres & melanges poetiques d'Eftienne Jodelle. *Paris, Chefneau*, 1574. in 4. v. l. r.

375 Les Œuvres & melanges poetiques d'Eftienne Jodelle. *Paris, Chefneau*, 1583. in 12. m. bl.

376 Le Blafon des pierres précieufes conténant leurs vertus & propriétés, par Jean de la Taille

de Bondaroy; fuivi des poefies diverfes du même auteur. *Paris, Breyer,* 1574. in 4. v. m.

577 Les poefies de Jacques Tahureau. *Paris, Ruelle,* 1574. in 8. m. v.

578 Le pourtraict de la vie humaine, en trois centuries de fonnets, par Fr. Perrin. *Paris, Chaudiere,* 1574. in 8. v. m.

579 L'attiffet des Damoizelles, premiere & plus importante piece de leur embelliffement, par G. de la Teyffonniere. *Paris, Morel,* 1575, in 8. v. f.

580 Les Œuvres poetiques d'Amadis Jamyn. *Paris, Robert Eftienne,* 1575. in 4. vel. l. r.

581 Les Œuvres poetiques d'Amadys Jamyn. *Paris, Patiffon,* 1579. in 12. vel.

582 Erotopegnie ou paffe temps d'amour; enfemble une comedie du muet infenfé, par P. le Loyer. *Paris, l'Angelier,* 1576. in 8. vel.

583 Les Œuvres & melanges poetiques de P. le Loyer; enfemble la comedie nephelococugie, ou la nuée des cocus. *Paris, Poupy,* 1579. in 12. m. r.

584 Les Œuvres poétiques de Remy Belleau. *Paris, Patiffon,* 1578. 2 vol. in 12. v. m. l. r.

585 Defcription de l'origine & premiere fondation de l'ordre des chartreux, trad. par Fr. Jary. *Paris, Chaudiere,* 1578. in 4. v. m.

586 Le premier livres des poemes de Guill. Belliard. *Paris, Gaultier,* 1578. in 4. v. m. l. r.

587 Œuvres poetiques d'Eftienne Forcadel. *Paris, Chaudiere,* 1579. in 8. baf.

588 La Sufanne de Didier Oriet. *Paris, Duval,* 1581. in 4. v. m.

389 Les premieres Œuvres poetiques de Mlle. de Romieu. *Paris, Breyer*, 158 . in 12. m. bl.

390 Œuvres poetiques de Mellin de St. Gelais. *Lyon, Rigaud*, 1582. in 16. v. b.

391 Les Œuvres poetiques d'Isaac Habert. *Paris, l'Angelier*, 1582. in 4. v. m.

392 Les trois livres des meteores, avec quelques autres œuvres poetiques (par Isaac Habert). *Paris, Richer*, 1585. in 12. v. m.

393 La generation de l'homme & le temple de l'ame, & autres œuvres poetiques de René Bretonnayau, medecin. *Paris, l'Angelier*, 1583. in 4. v. f.

394 Les Œuvres de Guill. du Buys. *Paris, Fevrier*, 1583. 2 vol. in 12. v. m.

395 La colombiere & maison rustique de Philibert Hegemont. *Paris, Mettayer*, 1583. in 8. vel.

396 Les premieres œuvres francoises de Jean de la lessée. *Anvers, Plantin*, 1583. 3 tom. rel. en 1 vol. in 4. parch.

397 Les quatre premiers livres de l'univers de M. Norry. *Paris, Beys*, 1583. in 4. v. m.

398 La morocosmie, ou, de la folie, vanité & inconstance du monde; par Jos. du Chesne, sieur de la Violette. *Lyon, de Tournes*, 1583. in 4. v. m.

399 Le grand miroir du monde, par Jos. du Chesne, sieur de la Violette. *Lyon, Vignon*, 1593, in 8. vel.

400 Les premieres œuvres poetiques de Joachim Blanchon. *Paris, Perrier*, 1583. in 8. v. f.

401

401 Antithefe des faicts de Jefus-Chrift & du Pape mife en vers francois. (*Geneve*). 1584. in 8. fig. v. éc.

402 Les appréhenfions fpirituelles, poemes & autres œuvres philofophiques, avec les recherches de la pierre philofophale, par Fr. Beroalde de Verville, *Paris, Jouan*, 1584. in 12. v. m.

403 Le miroir de vertu & chemin de bien vivre. *Paris, Micard*, 1587. in 12. parch.

404 Les fept livres des honnetes loifirs de M. de la Motte Meffemé. *Paris, Orry*, 1587. in 12. v. m.

405 Les Rois & Ducs d'Auftrafie, de N. Clément, trad. en vers franc. par Franc. Guibaudet. *Coulogne*, 1591. in 4. fig. v. m.

406 Le Torrent de pleurs funebres de Jean Augier. *Paris, Mercier*, 1589. in 8. v. f.

407 Le miroir d'éternité, par Robert le Rocquez. *Caen, le Chandelier*, 1589. in 8. m. r.

408 Les Œuvres poetiques du fieur de la Bergerie. *Paris, l'Angelier*, 1594. in 12. m. r.

409 La Henriade de Sebaft. Garnier. *Blois, Ve. Gouret*, 1594. in 4. parch.

410 Les Œuvres de Jean Godard. *Lyon, Landry*, 1594. 2 tom. rel. en 1 vol. in 8. v. m.

411 Poéfies chreftiennes de meffire Odet de la Noue. (*Geneve*) *Vignon*, 1594. in 8. v. f.

412 Les douze heures du jour artificiel, de M. de Navieres. *Par Ab. Rivery*, 1595. in 8. baf.

413 Polymnie du vrai amour & de la mort, par Jacques Doremet. *Paris, Gilles*, 1596. in 12. v. m.

414 Les premieres Œuvres poetiques & foupirs

E

amoureux de Guy de Tours. *Paris, de Louvain,* 1598. in 12, v. m. l. r.

415 La folie feinte de l'amant loyal. *Rouen,* 1599. in 12. parch.

416 Les premieres œuvres poetiques de Jehan Grifel, Rouennois. *Rouen, du Petitval,* 1599. in 12. v. m.

417 Le contr'empire des sciences, & le mystere des anes (par Perot de la Salle). *Lyon, Aubry,* 1599. in 12, vel.

418 Les premieres œuvres poetiques du capitaine Lasphrise. *Paris, Gesselin,* 1599. in 12. v. f.

419 Les Œuvres de Jacques Poille. *Paris, Blaise,* 1623. in 8. v. m.

Poëtes François du XVIIe. siecle.

420 Les premieres œuvres de Philippe des-Portes. *Paris, Patisson,* 1600. in 8. v. f.

421 Recueil des poesies de M. le Cardinal du Perron. in fol. v. m.

422 Poésies de Malherbe. *Paris, Barbou,* 1764. in 8. m. r.

423 Recueil des œuvres poetiques de J. Berthaut. *Paris, Patisson,* 1601. in 8. v. f.

424 Les fleurettes du premier melange de N. le Digne. *Paris, Perier,* 1601, 2 vol. in 12, v. m.

425 Le temps passé de Claude Mermet, de Saint Rambert en Savoye. *Lyon, Rigaud,* 1601.
=== Antonius de Arena provincialis de bragardissima villa de Soleriis ad suos compagnones studiantes qui sunt de persona friantes, &c. *Lyon, Rigaud,* 1601. in 12. m. r.

426 Fantaifies amoureufes. *Paris , Chevalier ,* 1601. in 12. parch.

427 L'Heptameron de la Navarride, ou hiftoire entiere du royaume de Navarre, tirée de l'efpagnol de Don Charles Infant de Navarre, par de la Palme. *Paris, Portïer,* 1602. in 12. v. f.

428 La furprife & fuftigation d'Angoulvent , poeme heroique adreffé au Comte de Permiffion , par l'archipoete des Pois Pilez. *Paris,* 1603. === L'adieu du plaideur à fon argent. 1626. in 8. v. f.

429 Les fatyres & autres œuvres du fieur Regnier. *Leyde , chez les Elzeviers,* 1652. in 12 m. v.

430 Satyres & autres œuvres de Regnier. *Londres, Tonfon,* 1733. in 4. baf.

431 Les douze beautés de Phyllis, & autres poefies du fieur Roffet. *Paris, l'Angelier,* 1604, in 8. v. m.

432 Les effais poetiques d'Antoine de Nerveze. *Poictiers , Luças ,* 1605. in 12. m. bl.

433 La Nereide ou victoire navale ; enfemble les deftins de Cléophile , par P. Deimier. *Paris, Mettayer,* 1605. in 12. v. m.

434 Les premieres œuvres de Nicolas le Maffon. *Paris , de Varennes ,* 1608. in 12. m. r.

435 Pieces heroiques & diverfes poefies de Cefar de Noftredame. *Tolofe , Colomiez,* 1608. in 12. v. m.

436 Le brafier fpirituel, par Jean Coffart. *Evreux. le Marié.* 1607. in 8. v. m.

437 Les œuvres du fieur de la Roque. *Paris , de Monftroeil,* 1609. in 12. v. m.

438 Satyre menippée, fur les poignantes traverfes

E ij

& incommodités du mariage, par Th. Sonnet. *Paris, Millot*, 1609. in 8. parch.

439 Le Sandrin du verd galand, où font déduits les plaifirs de la vie ruftique. *Paris, Dubreuil*, 1609, in 12. v. m.

440 Les dévots élancements du poete chrétien, prefentés à Henry IV par Alph.de Ramberviller. *Paris, Pacard*, 1617. in 12. fig. vel.

441 Sermon faict par le reverend pere Eftienne Binet iefuite, à Paris, en l'églife St. Loys le 26 jour de decembre 1610, in 4.

MANUSCRIT fur Vélin, du XVII. fiecle, écrit en *bâtarde*, à longues lignes, contenant 23 feuillets. Il eft enrichi de quelques ornements & de lettres initiales peintes en or.
Ce Sermon confifte en CXXX ftrophes de quatre vers chacune.

Seigneur donne la force à ma langue muette
De pouvoir annoncer d'un grand fainct la vertu.

442 Imitations du latin de Jean Bonnefons, avec autres gayetés amoureufes. *Paris, du Breil*, 1610, in 8. v. f.

443 La Néotémachie poetique du blanc, poemes & odes. *Paris, Julliot*, 1610. in 4. v. m.

444 Deuil fur la mort de Henry le grand, mis en vers franc. par T. le Mercier, fr de la Herodiere. *Sedan, Jannon*, 1616. in 12. v. m.

445 Naif image de l'envie, par Martin le Noir. *Rouen, du Caftel*, 1611, in 8. v. m.

446 Tablettes de la vie & de la mort. *Lyon*, 1611. in 18. oblong. m. r.

447 Les diverfes poefies du fieur de la Frefnaie Vauquelin. *Caen, Macé*, 1612. in 8. m. bl.

448 Les œuvres poetiques de Jean Loys. *Douay*, *Auroy*, 1612. 2 vol. in 8. v. m.

449 Estreine de Pierrot à Margot. *Paris*, *Ménier*, 1614. in 8. v. f.

450 La muse folatre, recherchée des plus beaux esprits de ce temps. *Rouen*, *le Villain*, 1615. in 18. m. r.

451 Le Labyrinthe d'amour, ou suite des muses folatres. *Rouen*, *le Vilain*, 1615. 3 vol. in 18. m. v.

452 Les tragiques, donnés au public par le larcin de Prométhée. (par d'Aubigné). *au Desert.* 1616. in 4. v. f.

453 Jardin d'hiver, où cabinet des fleurs, contenant en XXVI elegies les plus rares & signalés fleurons des plus fleurissants parterres, par J. Franeau, Sr. de Lestocquoy. *Douay*, *Borremans*, 1616. in 4. parch.

454 Les poemes divers du Sr. de Lortigue. *Paris*, *Gesselin*, 1717. in 12. v. f.

455 La Magdeleine de F. Remy de Beauvais, capucin. *Tournay*, *Martin*, 1617. in 8. fig. bas.

Ce Poëme est fort singulier.

456 Les œuvres de Racan. *Paris*, *Coustelier*, 1724. 2 vol. in 12 v. b.

457 Le Tableau de la Suisse, auquel sont décrites les singularités des Alpes, &c. par Marc Lescarbot. *Paris*, *Perier*, 1618. in 4. v. m.

458 Les roses de l'amour céleste fleuries au verger des meditations de St. Augustin, par de Rosieres. *St. Mihel*, 1619. in 8. fig. v. f.

459 La pieuse alouette avec son Tirelire. *Valenciennes*, *Veruliet*, 1619. 2 vol. in 8. v. éc.

E iij

460 Les amours de Theagines & de Philoxene, avec plusieurs chansons, par Jean d'Ennetieres. *Lille, de Rache,* 1620. in 12. v. éc.

461 Le chevalier sans reproche Jacques de Lalain, par J. d'Ennetieres. *Tournay, Quinqué,* 1633. in 8. vel.

462 Les traverses de Cléanthe, par N. de Casalis. *Nantes, Febvrier,* 1622. in 12. v. éc.

463 Les œuvres satyriques du sieur de Courval-Sonnet. *Paris, Boutonné,* 1622. in 8. vel.

464 Les satyres du sieur Courval, contre les abus & désordres de la France. *Rouen, de la Haye,* 1627. in 8. v. f.

465 La franciade ou histoire générale des rois de france depuis Pharamond jusques à Louys le Juste à présent regnant par le sieur Geuffrin. *Paris, Sommaville,* 1623. in 8. v. m.

466 La france consolée, épithalame pour les nopces du très chrestien Louis XIII. roy de france & de navarre & d'Anne d'Austriche, infante d'espagne, par Favereau. *Paris,* 1625. in 8. v. f.

467 Le droguiste du temps aux dames. 1626. == L'adieu du plaideur à son argent. 1624. == La liste des mal contens de la cour. 1623. == Le coq à l'asne envoyé de la cour. 1621. == Le Testament de Théophile, &c. 1626. in 8. v. b.

468 Combat a la Barriere, fait en cour de Lorraine le 14 fevrier, 1627. représenté par les discours & poesies de H. Humbert, accompagné des figures de Jacques Callot. *Nancy, Philippe,* 1627. in 4. v. m.

469 Les chants miraculeux, par Cl. de Mons. *Amiens, Hubault,* 1628. in 8. v. m.

470 Les roſſignols ſpirituels ligués en duo, par
P. Philippe. *Valenciènnes, Veruliet*, 1631.
in 12. v. éc.

471 Œuvres du ſieur Gaillard. *Paris, Dugaſt*,
1634. in 8. v. f.

472 La ſainte franciade, contenant la vie, geſtes
& miracles de St. François. *Paris, Rouſſet*,
1634. in 8. v. f.

473 Les nouveaux ſatyres & exercices gaillards
de ce ce temps, par R. Angot. *Rouen*, 1637,
in 12. m. v.

474 Moyſe ſauvé, idylle heroïque du ſieur de
Saint-Amant. in 4. m. viol.

475 La Philomele ſeraphique, par freré Jean
l'Evangéliſte d'Arras, capucin. *Tournay, Quinqué*, 1640. in 8. parch.

476 Les chevilles de maitre Adam, maitre menuiſier de Nevers. *Paris, Quinet*, 1644. in 4.
v. m.

477 Les chevilles de M^{tre}. Adam, menuiſier de
Nevers. *Rouen, Cailloué*, 1654. in 8. v. b.

478 Le villebrequin de M^{tre}. Adam, menuiſier
de Nevers. *Paris, de Luyne*, 1663. in 12. v. b.

479 Les Poeſies de Gombauld. *Paris, Courbé*,
1646. in 4. m. viol.

480 Les ſoupirs ſalutaires de Helie Poirier.
Amſterdam, Blaeu, 1646. in 12. m. cit.

481 Le vrai tréſor de l'hiſtoire ſainte, ſur le
tranſport miraculeux de l'image de notre dame
de Lièſſe (par de St. Peres). *Paris, Eſtienne*,
1647. in 4. fig. v. b. l. r.

482 Le microcoſme contenant divers tableaux
de la vie humaine repréſentés en figures avec
une expoſition en vers françois. *Amſt.* in 4. v. b.

483 La mechanceté des femmes avec le caquet des chambrieres. Plus, la lettre d'efcorniflerie. *Lyon*, 1650. in 12. v. m.

484 Les œuvres burlefques de M. Nouguier. *Orange*, *Raban*, 1650. in 8. parch.

485 Sonnets fur les myfteres de la paffion de Jéfus, & autres poefies, par frere guillaume Deleffau. in 4. oblong.

TRÈS BEAU MANUSCRIT du XVII. fiecle, fur Vélin, contenant 100 feuillets, très bien écrits en *bâtarde*. Ce Manufcrit eft enrichi d'un grand nombre de deffins colo-riés, qui repréfentent les inftruments de la paffion de Jéfus Chrift. L'auteur Frere Guillaume Deleffau vivoit dans le dernier fiecle.

486 L'Ecole de Salerne en vers burlefques, & duo poemata maçaronica; de bello hugueno-tico & de geftis Baldi. *Suivant la copie impri-mée à Paris*, 1651. in 12. v. b.

487 Les reftes de la guerre d'Eftampes, par Hemard. *Paris*, *Chamhoudry*, 1653. in 12. m. bl.

488 L'imitation de Jefus Chrift, trad. en vers francois, par P. Corneille. *Paris*, *Ballard*, 1656. in 12. fig. m. n.

489 La pucelle ou la france delivrée poeme he-roique, par M. Chapelain. *Paris*, 1656. in 12. v. éc.

490 Les Louanges de Bacchus, decorées de 22 jolies figures. in 18. oblong, v. f.

491 L'ami fans fard, qui confole les affligés, en vers burlefques, par Jacques Jacques. *Lyon*, *Olyer*, 1664. in 12. v. m.

492 Le faut mourir & les excufes que l'on ap-porte a cette néceffité. En vers burlefques,

par Jacques Jacques. *Troyes, Oudot,* 1724. in 12. v. m.

493 Defcription de la ville d'amfterdam, en vers burlefques, par P. le Jolle. *Amfterdam,* 1666. in 12. m. r.

494 Cathechifme en vers, par d'Heauville. *Paris, Leonard,* 1672, in 18. m. r.

495 Œuvres de la Fontaine. *Anvers, Sauvage,* 1726. ; vol. in 4. v. f.

496 Fables choifies, mifes en vers par de la Fontaine. *Faris,* 1743. in 12. m. r.

497 Fables choifies, mifes en vers par J. de la Fontaine. *Paris, Defaint,* 1755. 4 vol. in fol. fig v. éc. très gr. pap.

498 Fables de la Fontaine, gravées par Feffard. *Paris,* 1765. 6 vol. in 8. v. éc.

499 Nouvelles en vers, par de la Fontaine. *Amfterdam, Desbordes,* 1685. in 8. fig. m. bl.

500 Nouvelles en vers, par de la Fontaine. *Amfterdam,* 1745. 2 vol. in 8. fig. v. m,

501 Nouvelles en vers, par de la Fontaine. *Amfterdam,* 1762. 2 vol. in 8. fig. v. éc.

502 Nouvelles en vers, par de la Fontaine. *Amfterdam,* 1764. 2 vol. in 8. fig. m. r.

503 Œuvres de Nicolas Boileau Defpreaux, avec des éclairciffements hiftoriques donnés par lui-même. *Amfterdam, Changuion,* 1729. 2 vol. in fol. gr. pap. m. r. fig. de Bern. Picard.

504 Œuvres de N. Boileau Defpreaux, avec les remarques de M. de Saint-Marc. *Paris, David,* 1747. 5 vol. in 8. fig. v. f.

505 Le Tableau de la vie & du gouvernement de Mrs. les cardinaux Richelieu & Mazarin & de Colbert, repréfenté en diverfes fatyres &

poefis ingenieufes. *Cologne*, Marteau, 1693:
in 8. v. b.

506 Devifes pour monfeigneur Colbert. in 4.
v. b.

MANUSCRIT fur Vélin, du XVII. fiecle, bien écrit,
contenant 28 feuillets & 50 emblêmes peints à gouache.
Ces Devifes font en vers: Elles ont été compofées par
le Préfident de Silvecane.

507 L'efpadon fatyrique, par le fieur d'Efternod.
Cologne, 1681. in 12. parch.

508 Contes & Fables de M. le Noble. *Jouxte la
copie de Paris*, 1699. 2 vol. in 8. fig. v. m.

Poëtes François du XVIII. fiecle.

509 Le feftin nuptial dreffé dans l'Arabie heu-
reufe au mariage d'Efope, de Phedre & de
Pilpai avec trois fées, par de Plaidor. *Pirou*,
1700. in 12. v. b.

510 Œuvres de J. Bapt. Rouffeau. *Rotterdam*,
Fritfch, 1712. 5 vol. in 12. v. b.

511 Œuvres de J. B. Rouffeau, publiées par
par M. l'Abbé Seguy. *Bruxelles*, 1743. 3 vol.
in 4. v. m.

512 Fables nouvelles, par M. de la Motte. *Paris*,
Dupuis, 1719. in 4. fig. v. m.

513 La Henriade de M. de Voltaire. *Londres*,
1728, in 4. fig. baf.

514 La Henriade par M. de Voltaire. *Paris*,
Vᵉ. Duchefne. 2 vol. in 8. fig. v. éc.

515 Le vice puni, ou Cartouche, poëme (par
Grandval). *Paris*, *Prault*, 1726. in 8. fig.
v. b.

516 Recueil de portraits en rondeaux: dans les

quels on repréfente plufieurs abus fuperftitieux,
et quantité de hardies innovations dans le culte
de l'Eglife romaine. *Chriftianopolis* , *à l'en-
feigne de la Vérité* , 1728. in 8. v. éc.

517 Poefies diverfes. in 12. m. r.

518 Effai lyrique fur la religion. *Francfort,
Vᵉ. Knoch* , 1753. in 12. v. éc.

519 Fables & Contes. *Paris* , *Duchefne* , 1754.
═ l'Apothéofe du beau fexe. *Londres* , 1712.
in 12. baf.

520 L'Art de Peindre , Poëme, par M. Watelet.
Paris , *Guerin* , 1760. in 4. fig. v. m.

521 La Peinture, Poëme, par M. le Mierre.
Paris , *le Jay*. ═ Narciffe dans l'ifle de Vénus,
Poëme. *Paris* , *le Jay*. in 8. fig. m. r.

522 Poéfies Sacrées, par M. le Franc de Pompi-
gnan. *Paris* , *Prault* , 1763. in 4. v. m.

523 Poéfies facrées, par M. l'Abbé de Laperoufe.
Paris , *Saillant* , 1770. in 8. m. bl.

524 Œuvres completes de M. le Cardinal de
Bernis. *Londres* , 1767. 2 tom. rel. en 1 vol.
in 8. v. m.

525 Le Carnaval de la Barbarie , & le Temple
des Yvrognes. *A Fez, en Barbarie* , 1765. in 12.
baf.

526 Les Œuvres complettes de Dorat. *Amfterdam. (Paris*) *Delalain* , 1772. 18 vol. in 8.
fig. v. éc.

527 Fables nouvelles , par M. Dorat. *Paris* ,
Delalain , 1773. 2 vol. in 8. fig. v. éc.

528 Les Baifers, Poëme (par M. Dorat). *Paris,
Lambert* , 1770. in 8. fig. m. bl.

529 Zélis au bain, Poëme. *Geneve* , in 8. fig. v. f.

530 Les Saifons, Poëme (par M. de St. Lambert).
Amfterdam, 1771. in 8. fig. m. r.

531 Phrofine & Mélidore, Poëme. *Paris, le Jay,*
1772. ⸗ Lettre en vers de Gab. de Vergy,
par M. Mailhol. *Paris, Vᶜ. Duchefne,* 1766.
in 8. fig. m. r.

532 Héroïdes ou Lettres en vers, par M. Blin
de Sainmore. *Paris, Delalain,* 1768. in 8. fig.
m. r.

533 Fables nouvelles, par M. Imbert. *Paris,*
Delalain, 1773. in 8. fig. m. r.

534 Hiftoriettes ou nouvelles en vers, par
M. Imbert. *Amfterdam,* 1774. in 8. fig. v. éc.

535 Poéfies Paftorales, par M. Léonard. *Paris,*
le Jay. ⸗ Le Temple de Gnide, Poëme, par
M. Léonard. *Paris, Dufour,* 1773. in 8. fig.
m. r.

536 Œuvres de Colardeau. *Paris, Ballard,*
1779. 2 vol. in 8. v. éc.

537 Le Temple de Gnide, mis en vers par
M. Colardeau. *Paris, le Jay.* in 8. fig. m. r.

538 Fables, Contes & Épîtres, par M. l'Abbé
le Monnier. *Paris, Jombert,* 1773. in 8. v. éc.

539 L'Agriculture, Poëme, par M. Roffet. *Paris,*
de l'Imprimerie Royale, 1774. 2 vol. in 4. rel.
& br.

540 Œuvres de M. de Saint-Marc. *Paris, Mo-*
nory, 1775. in 8. m. r. pap. d'Hollande.

541 Idylles, par M. Berquin. *Paris, Ruault,*
1775. 2 vol. in 8. fig. ⸗ Romances, par M.
Berquin. *Paris, Ruault,* 1776. in 8. fig. v. m.

542 Les quatre heures de la toilette des Dames,
Poëme érotique en quatre chants, par M. de
Favie. *Paris, Baftien,* 1779. in 8. fig. br.

543 Les Jardins, ou l'art d'embellir les payfages : Poëme ; par M. l'Abbé Delille. *Paris, Didot l'aîné*, 1782, in 4. v. éc.

EXEMPLAIRE tiré fur papier commun.

544 Colombe dans les fers, à Ferdinand & Ifabelle, Epître en vers, par M. le Chevalier de Langeac. *Paris, Jombeit*, 1782, in 8. baf.

545 Pfeaumes de David viratz en rythme gafcon per Pey de Garros Laytores. *Tolofa, Colomes*, 1565, in 8. v. f.

546 Noei bourguignon de gui Barozai. (de la Monnoye). *Ai Dioni*, 1720. in 8. v. b.

POETES DRAMATIQUES FRANÇOIS.

Myfteres, Moralités, &c.

547 Recherches fur l'origine des Théâtres, & fur l'invention de l'imprimerie, leurs perfections & accroiffement, par Mr. Chardin de la Chardiniere. *Paris*, 1779. in 12. m. v. dent.

BEAU MANUSCRIT fur Vélin, contenant 15 feuillets parfaitement écrits en *lettres rondes*, à longues lignes, par Fyot, en 1779.

548 Recherches fur les théâtres de France, par de Beauchamps. *Paris, Prault*, 1735. in 4. gr. pap. vel.

549 Bibliotheque du Théâtre françois (par M. le Duc de la Valliere). *Drefde, Droel*, 1768. 3 vol. in 8. v. m.

550 Efprit des Tragédies & Tragi-comédies, par forme de Dictionnaire. *Paris, Brocas*, 1762. 3 vol. in 12. v. m.

551 Le ieu de robin & de marote. pet. in fol. m. r.

MANUSCRIT sur Vélin, du XIV. siecle, contenant 11 feuillets. Il est écrit en *lettres de forme*, à longues lignes, & décoré de 129 miniatures.

Cette piece dramatique, composée vers le milieu du XIII. siecle, par un nommé Adam de le Hale, d'Arras en Artois, auteur d'un grand nombre d'autres poesies, est une des plus anciennes que nous ayons. Les écoliers d'Angers en donnerent une représentation en 1392. Elle fait époque pour l'histoire du théâtre françois. *V.* le Catalogue des Livres de M. de la Valliere, premiere partie tom. 2. p. 229.

552 Recueil de plusieurs farces, tant anciennes que modernes. *Rouen, Rousset, 1612.* in 8. m. r.

RECUEIL TRÈS PRÉCIEUX.

Contenant :

1°. Farce nouvelle & récréative du Médecin qui guérit de toutes sortes de maladies & de plusieurs autres, aussi fait le nez à l'enfant d'une femme grosse, & apprend à deviner. (A quatre personnages).

Cette Farce est un peu trop libre ; mais elle est assez plaisamment écrite, & vraisemblablement elle a donné lieu au Conte *du Faiseur d'oreilles*, que la Fontaine a mis en vers.

2°. Farce de Colin, fils de Thenot le Maire, qui revient de la guerre de Naples, & amene un Pélerin prisonnier pensant que ce fut un Turc. A quatre personnages.

3°. Nouvelle farce de deux Saveriers, l'un pauvre, l'autre riche ; le riche est marri de ce qu'il voit le pauvre rire & se réjouir, & perd cent écus & sa robe que le pauvre gagne. A trois personnages.

4°. Farce nouvelle des femmes qui aiment mieux suivre & croire Folconduit, & vivre à leur plaisir, que d'apprendre aucune bonne science. A quatre personnages.

5°. Farce nouvelle de l'Antechrist & de trois femmes, une Bourgeoise & deux Poissonnieres. A quatre personnages.

6°. Farce joyeuse & récréative, d'une femme qui demande les arrérages à son mari. A cinq personnages.

9o. Farce nouvelle, contenant le débat d'un jeune Moine, & d'un vieux Gendarme, par-devant le dieu Cupidon, pour une fille. A quatre perfonnages.

M. le Duc de la Valliere a donné dans fa Bibliotheque du Théâtre françois, Tome Ier. pag. 6 & fuivantes, un extrait très détaillé de toutes ces farces.

553 La Deftruction de Troye la grant, par perfonnages (par Jacques Millet) *Lyon, Mathis Huff*, 1491. in fol. goth. v. f.

554 La patience de Job, felon l'hiftoire de la Bible. *Rouen, Romain de Beauvais.* in 4. m. r. dent.

555 La farce de pathelin. in 8.

MANUSCRIT fur Vélin, du XV. fiecle, contenant 46 feuillets. Il eft imparfait.

556 Maitre Pierre Pathelin, de nouveau revu & mis en fon naturel. *Paris, Menier,* 1614. in 12. v. m.

557 La farce de maitre Pierre Pathelin. *Paris, Couftelier,* 1723. in 8. v. f.

558 Le Myftere de la conception, nativité, mariage & annonciation de la benoifte Vierge Marie (par Jehan Michel). *Paris, Lotrian,* in 4. goth. m. bl. doub. de m. r. dent. tabis.

Nous avons donné dans la Ire. partie du Catalogue des livres de M. le Duc de la Valliere, Tome II, pag 415, n°. 3351 & fuivants, des extraits des fingularités, &c. qui font contenues dans ces différents myfteres, d'après la Bibliotheque du Théâtre françois.

559 Le Myftere de la Paffion (par J. Michel). *Paris, Ve. Trepperel.* == La Refurrection de N. S. Jefus Chrift, par perfonnages (par J. Michel) *Paris, Ve. Trepperel.* === Le Myftere de la Conception, Nativité, &c. de la Benoifte

Vierge. Marie (par J. Michel). *Paris , V* *Trepperel.* in 4. goth. m. bl.

560 Le Myftere de la Paffion de N. S. Jefus Chrift (par Jehan Michel). *Paris , V*^e*. Trepperel ,* in 4. goth. v. m.

561 Le Myftere de la vengeance de notre feigneur. *Paris, J. Petit,* 1491. in fol. goth. v. f.

Le dernier feuillet eft manufcrit.

562 Le Myftere du vieux teftament. *Paris ,* 1542. in fol. goth. m. r.

563 L'homme jufte & l'homme mondain (par Simon Bougoinc). *Paris , Verard,* 1568. in 4. goht. m. bl. dent. doubl. de m. r. dent. tabis, l. r.

SUPERBE EXEMPLAIRE.

564 La Vie de St. Chriftophe compofée en rime & par perfonnages, par M^{tre}. Chevalet. *Grenoble ,* 1527. in 4. m. bl. l. r.

TRÈS RARE.

565 Le triomphant myftere des Actes des Apotres (par Arnoul & Simon Greban avec les corrections de P. Cuvret ou Curet). *Paris , Guil. Alabat ,* 1537. 3 tom. rel. en 1 vol. in fol. goth. m. r.

566 Farce nouvelle, tres bonne & tres joyeufe de la cornette, a cinq perfonnages, par Jean d'Abondance. in 8. v. f.

MANUSCRIT fur papier, de 45 pages, bien écrit.

567 Le combat de la chair & de l'efprit (Moralité), par Emond du Boullay. *Paris, J. Longis ,* 1549. in 8. m. bl.

568

568 La farce des Quiolards, pour le divertiffement des melancholiques. *Rouen, Ourfel.* ⸺
L'Origine des Puces. *Londres,* 1761. in 12.
v. m.

569 Recueil de cent foixante-neuf pieces de
Theatre, par Rotrou, du Ryer, Benferade,
Scudery, Boisrobert, Chevalier, Gilbert, &c.
&c. 34 vol. in 4. v. b.

570 Recueil de différentes pieces de Theatre de
differents auteurs anciens. 16 vol. in 8. & in 12.
v. b.

571 Chefs-d'œuvre dramatiques, recueillis par
M. Marmontel. *Par. Grangé,* 1773. in 4. fig. v. f.

572 Recueil des Comédies & Ballets repréfentés
fur le Théâtre des petits appartemens, pendant l'hiver de 1745 & 1748, &c. 6 vol. in 8.
m. r. dent. & m. bl.

Imprimé fur Vélin.

573 Theatre de Pierre Matthieu. *Lyon, Rigaud,*
1589. 2 vol. in 12. vel.

574 Troifieme edition de la Guifiade, tragedie,
par P. Matthieu. *Sur l'imprimé à Lyon,* 1589.
in 8. v. m.

575 Le Marchand converti, tragedie excellente.
Item fuit la comedie du Pape malade & tirant
à fa fin. *Geneve, Foreft,* 1591. in 18. rel. en
étoffe d'or.

576 Tragedie francoife du facrifice d'Abrahám,
avec une ode chantée au Seigneur, par Th. de
Beze. Plus, un poeme des plaifirs de la vie
ruftique, par le fr. de Pibrac. *Par Jac. Stoer.*
1606. in 12. m. r.

F

577 Le Theatre de Jacques Grevin. *Paris, Seretenas*, 1562. in 8. m. r.

578 Theatres de Jean & de Jacques de la Taille. *Paris, Morel,* 1573. in 8. v. b.

579 Tagedies faintes, par Louis des Mafures. 1566. in 8. parch.

580 Les Tragedies de Robert Garnier. *Paris, Patiffo1,* 1585. in 12 v. f.

581 Tragedies de Robert Garnier. *Anvers, Ruault,* 1592. in 18. m. r.

582 Comedies facetienfes du P. de Larivey. *Lyon, Rigaud,* 1597. 2 vol. in 12. baf. & vel.

583 Les Contens, comedie nouvelle en profe. (Par Odet de Tournebu). *Paris, le Mangnier,* 1584. in 8. v. f. l. r.

Voy. l'extrait de cette piece, dans la Bibliotheque du Théâtre françois, par M. le Duc de la Valliere. Tome Ier. page 240.

584 Les Tragedies d'Antoine de Montchretien, fieur de Vafteville. *Rouen, de la Motte,* 1627. in 8. v. f.

585 Le Theatre d'Alexandre Hardy. *Paris, Quefnel,* 1624. 6 vol in 8. m. r.

586 Tragedies françoifes de Claude Billard. *Paris, Langlois,* 1610. in 8. v. b.

587 Les amantes, ou la grande paftorelle, par Nicolas Chreftien fieur des Croix. *Rouen, du Petit,* 1613. in 12. v. f.

588 Theatre de Borée. *Lyon, Cœurfilly,* 1627. in 8. m. v.

589 La Silvanire ou la morte vive, tragicomedie de Mairet. *Paris, Targa,* 1631. in 4. fig. vel.

590 Theatre de Gougenot. *Paris, de Sommaville,* 1633. in 8. v. f.

591 Tragicomedie paſtorale , ou les amours d'Aſtrée & de Celadon , par de Rayſſiguier. *Paris , David ,* 1632. in 8. vel.

592 Le Theatre de Pierre & de Thomas Corneille. *Amſterdam , l'Honoré ,* 1723 , 10 vol. in 12. v f.

593 Théatre de P. Corneille avec des commentaires & autres morceaux intéreſſants , par M. de Voltaire. *Geneve ,* 1774. 8 vol. in 4. m. r.

Les figures de cet Exemplaire ſont enluminées.

594 Le Capitan , par un comedien de la troupe jalouſe. *Paris , Robinot ,* 1638. in 8. v. éc.

595 La Comedie de Chanſons. *Paris , Quinet ,* 1640. in 12. m. r.

596 Théatre de Bourſault. *Paris , Ve. Ribou ,* 1725. 3 vol. in 12. v. b.

597 Le Theatre de Quinault. *Suivant la copie imprimée à Paris ,* 1663. 2 vol. in 12. m. v.

598 Œuvres de Moliere. *Paris ,* 1734. 6 vol. in 4. fig. v. éc.

599 Œuvres de Moliere , avec des remarques grammaticales , par M. Bret. *Paris ,* 1773. 6 vol. in 8. fig. v. éc.

600 Les Œuvres de Montfleury. *Amſterdam , Braakmann ,* 2 vol. in 12. v. f.

601 Jeſus Maria , ſur le martyre des SSts. Innocents , tragedie. == Jeſus Maria , Saint Hermenegilde , tragedie. == Jeſus Maria , ſur le martyre de St. Sébaſtien , tragedie. in 12. v. b.

602 Œuvres de J. Racine. *Suivant la copie imprimé à Paris ,* 1682. 3 vol. in 12. m. r.

603 Œuvres de Racine. *Londres, Tonson,* 1723.
2 vol. in 4. fig. v. b.

604 Œuvres de Racine. *Amsterdam, Bernard,*
1743. 4 vol. in 12. fig. v. f.

605 Œuvres de Racine. *Paris,* 1760. 3 vol. in 4.
fig. v. éc.

606 Œuvres de Jean Racine, avec des Commentaires, par M. Luneau de Boisjermain.
Paris, Cellot, 1768. 7 vol. in 8. m. r. pap.
d'Hollande, fig. avant la lettre.

607 Astrée, pastorale, en vers, en cinq actes,
dédiée à Mad^lle. de Bourbon, par P. du Faul-
trey. in fol. vélin.

MANUSCRIT sur papier, contenant 72 feuillets.

608 Theatre de Dancourt. *Paris,* 1760. 12 vol.
in 12. v. m.

609 Les Œuvres de Regnard. *La Haye, Moet-*
jens, 1729. 2 vol. in 12. v. f.

610 Œuvres de Crebillon. *Paris, de l'Imprimerie*
Royale, 1750. 2 vol. in 4. v. f.

611 Théatre de Danchet. *Paris, Grangé,* 1751.
4 vol. in 12. baf.

612 Œuvres de Destouches. *Amsterdam, Arkstée,*
1755. 8 vol. in 12. fig. m. bl.

613 Œuvres dramatiques de Nericault Destouches. *Paris, de l'Imprimerie Royale,* 1757.
4 vol. in 4. v. éc.

614 Œuvres de Théatre de Marivaux. *Paris,*
Duchesne, 1758. 7 vol. in 12. v. éc.

615 Théâtre de Voltaire. *Londres,* 1782. 10 vol.
in 12. fig. m. v. dent. doub. de tab.

Exemplaire auquel on a joint des dessins de Bochegrain.

616 Théâtre de M. de Boiſſy. *Paris, Vᵉ. Du-chefne*, 1766. 9 vol. in 8. v. m.

617 Le nouveau Tarquin, Comédie allégorique, (par le Bel). *Amſterdam, Desbordes*, 1732. in 12. v. b.

M. le Duc de la Valliere dans ſa Bibliotheque du Théâtre, dit que cette Piece eſt une violente ſatyre contre le P. Gi-rard & la Cadiere.

618 Théâtre de Guyot de Merville. *Paris, Vᵉ. Duchefne*, 1766. 3 vol. in 12. v. m.

619 Théâtre de M. Bret. *Paris, le Clerc*, 1778. 2 vol. in 8. v. m.

620 Théâtre de M. Poinſinet. *Paris, Vᵉ. Du-chefne*, 1767. 2 vol. in 8. v. m.

621 Euphémie, ou le triomphe de la Religion, drame, & autres Pieces, par M. d'Arnaud. *Paris, le Jay*, 1768. in 8. fig. v. m.

622 Les Parodies du nouveau Théâtre italien. *Paris, Briaſſon*, 1738. 4 vol. in 12. v. m.

623 Théâtre & Œuvres diverſes de Pannard. *Paris, Vᵉ. Duchefne*, 1773. 4 vol. in 12. v. m.

624 Théâtre de M. Favard. *Paris, Duchefne*, 1763. 10 vol. in 8. v. m.

625 Le marchand ridicule, opera comique re-preſenté à la foire St. Germain. 1708. in 18. m. veſt, dent.

Très joli Manuscrit ſur Vélin, contenant 11 feuillets. écrit en *lettres rondes*, à longues lignes.

626 Ballet comique de la Reine, fait aux noces de M. le Duc de Joyeuſe, par B. de Beau-joyeulx. *Paris, le Roi*, 1582. in 4. vel.

Chanfons, Vaudevilles, &c.

627 Recueil de Chanfons gothiques, &c. 9 vol. in 8. & in 12.

628 Recueil de Chanfons latines, italiennes & françoifes, notées en mufique. in 8. vélin.

Manuscrit fur Vélin, du XVI. fiecle, contenant 198 feuillets. Il eft écrit en *lettres rondes*, & enrichi d'initiales & ornements, peints en or & en couleurs.

629 Non le trefor ny le trias ne le cabinet : moins la beauté, mais plus, la fleur ou l'elite de toutes les chanfons amoureufes & airs de cour. *Rouen, de Launay*, 1602. in 12. v. m.

630 Airs de cour, & de differents auteurs. *Paris, Ballard*, 1615. in 8. v. f.

631 Le concert des enfants de Bacchus. *Paris, Hulpeau*, 1627. in 12. m. bl.

632 Airs nouveaux de la Cour; efcripts par N. Jarry. in 8. m. r.

Très beau Manuscrit fur Vélin, contenant 15 feuillets Il y a des initiales peintes en or. Tous les airs y font notés, & écrits en *bâtarde* par Jarry, fameux Scribe du XVII. fiecle.

633 Recueil de chanfons choifies. *Paris, Benard*, 1698. 2 tom. rel. en 1 vol. in 12. v. f.

634 Nouveau recueil de chanfons choifies. *La Haye, Goffe*, 1731. 5. vol. in 12. v. f.

635 Le chanfonnier francois. 1760. 5 vol. in 12. v. f.

636 Anthologie françoife, ou chanfons choifies, depuis le 13 fiecle jufqu'a prefent, par Monet. 1765. 3 vol. in 8. v. m.

637 Recueil de Romances hiftoriques, tendres &
burlefques, avec les air notés. 1767. 2 vol.
in 8. v. m.

638 Choix de chanfons mifes en mufique, par
M. de la Borde. *Paris, de Lormel,* 1773.
4 vol. in 8. fig. v. éc.

639 Les à propos de fociété, ou chanfons de M.
Laujon. 1776. 3 vol. in 8. br.

Poëtes Italiens, Allemands, &c.

640 La comédie du Dante, de l'enfer, du purgatoire, &c. mife en rime, par M. B. Gran-
gier. *Paris, Geffelin,* 1597. 3 vol. in 12. v. m.

641 Toutes les œuvres vulgaires de Fr. Petrarque,
mifes en françois par Vafquin Philieul. *Avignon, Bonhomme,* 1555. in 8. v. m.

642 Le Petrarque en rime françoife, trad. par
Ph. de Maldeghem. *Douay, Fabry,* 1606.
in 8. v. éc.

643 Le premier volume de Roland furieux, par
par L Ariofte, mis en rime françoife par Jean
Fornier. *Paris, Vafcofan,* 1555. in 4. m. v.

644 Imitations de quelques chants de l'Ariofte,
par divers poetes françois. *Paris, Breyer,* 1572.
in 8. vel. l. r.

645 La délivrance de Hierufalem, mife en vers
franç. de l'italien, par J. du Vignau. *Paris,
Guillemot,* (1595). in 12. m. viol.

646 Jerufalem delivrée, poeme du Taffe, trad.
par J. Baudoin, avec fig. de Mich. Lafne. *Paris,
Guillemot,* in 8. v. f.

647 Hecatomphile, du vulgaire italien tourné en
langage françois. *Paris, Galliot du Pré,* 1534.

F iv

=== Les Œuvres de maitre Roger de Collerye. *Paris*, *Roffet*, 1536. === Quatre satyres de Juvenal, trad. par Michel d'Amboife. *Paris*, *Sertenas*, 1544. in 8. v. f.

648 L'Arcadie de Sannazar, mife d'italien en françois, par Jean Martin. *Paris*, *Vafcofan*, 1544, in 8. v. m.

649 Le ris de Democrite & le pleur de Heraclite, fur les folies & miferes de ce monde, trad. de l'Italien de Ant. Phileremo Fregofo, par Michel d'Amboyfe. *Paris*, *l'Angelier*, 1547, in 8. v. m.

650 Il Paftor Fido, del fig. Batt. Guarini. *in Amflerdam*, *Elzevier*, 1678. === Aminta favola bofcareccia di Torquato Taffo. *In Amflerdam*, *Elzevier*, 1678. in 18. v. b.

651 Il Paftor Fido tragicommedia paftorale del cavalier Guarini, riveduta per l'abbate Antonini. *In Parigi*, *Herrico*, 1729. in 8. m. r.

Imprimé fur Vélin.

652 Il Paftor Fido, tragi-commedia paftorale del cavaliere Giam Batifta Guarini. *Parigi*, *nella ftamperia di Fr. Amb. Didot*, *a fpefe di G. C. Molini*. 1782. 2 vol. in 8. br.

Exemplaire imprimé fur Vélin.

653 Angelique, comedie, de Fabrice de Fournaris, dit le capitaine cocodrille comique confident, mife en françois de l'italien & de l'efpagnol. *Paris*, *l'Angelier*, 1599. in 12. vel.

654 La Céleftine, tragicomedie, trad. de l'efpagnol, par Jacq. de Lavardin. *Paris*, *Chaudiere*, 1578, in 18. v. b.

655 Tewrdannchts : ou les aventures perilleufes de (Maximilien Ier.), écrites en vers allemands, par Melch. Pfintzing. *Nuremberg*, 1519. in fol. fig. v. b.

656 Les mêmes aventures de Thewrdannchts. *Francfort*. 1563. in fol. goth. avec fig. en bois.

657 Paradife loft, a Poem, by John Milton. *London*, 1730. in 8. fig. v. m.

658 Hudibras, poeme, trad. en vers françois. *Londres*, 1757. 3 vol. in 12. v. m.

659 Lettre fur le Théâtre anglois, avec une traduction de l'Avare, comedie de Shadwel, &c. 1752. 2 vol. in 12. rel. en cart.

660 Le Théâtre anglois (trad. par M. de la Place). 8 vol. in 12. v. m.

661 Nouveau Théâtre anglois. *Londres*, 1767. 2 vol. in 12. v. m.

MYTHOLOGIE.

662 Mythologie, c'eft-à-dire explication des fables, trad. de Noel le Comte. *Lyon, Frellon*, 1607. in 4. v. f,

663 Les images des Dieux anciens, trad. de Vinc. Cartari, par Ant. du Verdier. *Lyon, Michel*, 1581. in 4. fig. v. éc. l. r.

Fables & Apologues.

664 Efope en belle humeur, ou derniere traduction de fes fables. *Bruxelles, Foppens*, 1700. 2 vol. in 8. fig. v. m.

665 The fables of Efop paraphas'd in verfe ; adorn'd with fculpture, and illuftrated with

annotations, by J. Ogilby. *London, Roycroft,* 1665. in fol. v. b.

666 Les menus propos fabuleux de Laurens Valle, lefquels font moralifés fur les inconftances des gens du monde. Enfemble les dits moraux, joyeux & facerieux de Petrarque. *Paris, Lotrian,* 1542. in 8. goth. fig. v. b.

667 Ebatrement moral des animaux. *Anvers,* *Ph. Galle* (1578), in 4 fig. vel.

668 Vingt-cinq fables des animaux, par Eft. Perret. *Delf, Gerards,* 1621. in fol. fig. v. b.

Facéties, Plaifanteries, &c.

669 Recueil de 90 pieces, en vers & en profe, de faceties, &c. in 4. & in 8. non relié.

Contenant :

L'adieu du Plaideur à fon argent. in 8.

L'anti-Jofeph, ou plaifant & fidele narré d'un miniftre de la Religion prétendue, vendu publiquement dans un coffre pour caufe de fa lubricité. in 8.

L'arrêt d'amour donné par les femmes a l'encontre de leurs maris, par devant l'abbé des Cornards. *Paris,* 1602. in 8.

Le Ballet des andouilles. 1628. in 8.

Les Bignets du gros Guillaume, envoiés a Turlupin & a Gautier Garguille, pour leur mardy gras. in 8.

La complainte du nouveau marié, &c. in 8. goth.

Le defefpoir de Zanicorneto fur la fuite de Pantalonne fa Garfe. 1619. in 8.

Difcours nouveau de la grande fcience des femmes, trouvé dans un des fabots de m^{tre}. Guillaume. 1607. in 8.

Les Efpines du Mariage. Par Varin. *Paris,* 1604. in 8.

Le fleau des putains & courtifanes. *Paris,* 1612. in 8.

Refponfe & refprimande de M^{tre}. Guillaume fur la mal-
façon du fleau des Putains & courtifanes. *Paris*, 1612.
in 8.

La Grande confrairie des foulz d'ouvrer, & enragez de rien
faire, &c. *Lyon*. in 8. goth.

La Mouftache des filoux arrachée. in 8.

La nouveauté des fecrets decouverts par J. Fromage. 1631,
in 8.

L'Ordre de Chevalerie des Cocus reformés, etablis a Paris,
avec un petit abregé de l'origine de ces peuples. *Par*. in 8.

Le Pafquil du rencontre des Cocus, a Fontainebleau. 1 62
in 8.

Le Petard d'Eloquence de M^{tre} Guillaume. 1621. in 8.

Plaifant contrat de mariage paffé a Aubervilliers, le 15 de
fevrier mil trois cent trente-trois, entre Nicolas Grand
Jean & Guillemette Ventrue. *Paris*. in 8.

Plaifant galimathias d'un gafcon & d'un provençal. *Paris*,
1619. in 8.

Les quinze fignes defcendus en Angleterre, avec la lettre
d'efcorniflerie. in 8. goth.

Recueil de la malice des femmes in 8.

Le regret des filles de joie, fur le fujet de leur banniffement.
Paris. in 8.

Regles, ftatuts & ordonnances de la caballe des filoux
reformés depuis huit jours dans Paris, avec le moyen de
les cognoitre d'une lieue loin fans lunettes. in 8.

Le Reftaurant des conftipés de cerveau, fraichement apporté
des ifles d'Yamboles, ou le monde s'ennuie de trop
vivre. in 8.

Sermon du cordelier aux foldats : enfemble la refponfe des
foldats au cordelier. in 8.

Sermon joyeux de la patience des femmes contre leurs maris.
in 8. goth. Les deux derniers feuillets font gâtés.

670 Les Songes drolatiques de Pantagruel, ou
font contenues plufieurs figures de l'invention

de m^{tre} Fr. Rabelais. *Paris, Breton,* 1565.
in 8. m. r.

671 Les Bigarrures & touches du feigneur des
Accords. *Paris, Maucroy,* 1662. in 12. v. m.

672 Les ftatuts, regles & ordonnances de Her-
pinot reformé. *Paris, Ve. Oudot.* in 8. v. f.

673 Les Tours de M^{tre} Gonin. *Anvers, Huyffens,*
1714. 2 vol. in 12. fig. br.

674 Hiftoire des imaginations extravagantes de
M. Oufle. *Paris, Duchefne,* 1754, 3 vol.
in 12. baf.

675 Les Etrennes de la Saint-Jean (par M. le
Comte de Caylus). *Troyes, Ve. Oudot,* 1757.
= Les ecoffeufes, ou les œufs de Pafques, par
le même. *Troyes, Ve. Oudot,* 1745. in 12.
v. m.

676 Féeries nouvelles (par M. le Comte de
Caylus). *La Haye,* 1741. 2 vol. in 12. v. m.

677 Hiftoires nouvelles & mémoires ramaffés
(par M. le Comte de Caylus). *Londres,* 1745.
in 12. v. m.

678 Quelques aventures des Bals de Bois (par
M. le Comte de Caylus). 1745. = Le Sal-
migondis. *Francfort,* 1740. in 12. v. m.

679 Les Fêtes roulantes & les regrets des petites
rues (par M. le Comte de Caylus). 1747. =
Les Fri-maçons, hyperdrame. *Londres,* 1740.
in 12. v. m.

680 Les Manteaux (par M. le Comte de Caylus).
La Haye, 1746. in 12. v. m.

681 Mémoires de l'académie des Colpolteurs
(par M. le Comte de Caylus). 1748. in 12.
fig. v. m.

682 Recueil de ces Dames (par M. le Comte de Caylus). *Bruxelles*, 1745. in 12. v. m.

683 Le Potpourri ouvrage nouveau de ces Dames & de ces Meſſieurs (par M. le Comte de Caylus). *Amſterdam*, 1748. in 12, v. m.

Contes & Nouvelles.

684 Contes & nouvelles de Bocace, trad. en françois, avec les fig. de Rom. de Hooge. *Amſterdam*, 1699. 2 vol. in 8. v. b.

685 Nouv. de J. Bapt. Giraldy, trad. en franç. par Gab. Chappuys. *Paris*, *l'Angelier*, 1584. 2 vol. in 8. m. viol.

Manque le frontiſpice.

686 Les facetieuſes Nuits du ſeigneur Straparole. 1726, 2 vol. in 12 v. m.

687 Les cent Nouvelles nouvelles. *Cologne*, 1701, 2 vol. in 8. fig. v. m.

688. L'heptameron ou hiſtoires des amants fortunés, tiré des nouvelles de Marguerite de Valois, par Cl. Gruget. 1698. 2 vol. in 12. v. m.

689 Contes & nouvelles de Marguerite de Valois, reine de Navarre. *Amſterdam*, *Gallet*, 1698. 2 vol. in 8. fig. m. r.

690 Les Comptes du monde adventureux. *Paris*, *Groulleau*, 1555. in 8. parch.

691 Les Contes & diſcours d'Eutrapel, par le ſeigneur de la Heriſſaye. *Rennes*, *Glamet*, 1585, in 8. parch.

692 Le Printemps d'Yver, par Jacques Yver. *Rouen*, *Cailles*, 1599. in 12. m. v.

693 Les Contes & discours bigarrés du Sr. de Cholieres. *Paris, du Breuil*, 1611. 2 vol. in 12. v. b.

694 Les cent nouvelles nouvelles de M^de de Gomez. *La Haye, de Hondt*, 1733. 20 vol. in 12. baf.

695 Nouveaux contes à rire. *Cologne, Roger Bontemps*, 1722. 2 vol. in 8. fig. v. m.

R O M A N S.

Romans Grecs.

696 De l'usage des romans, par Gordon de Percel. (l'Abbé Lenglet du Fresnoy). *Amsterdam, V^e. de Poilras*, 1734. 2 vol. ══ L'Histoire justifiée contre les Romans, par le même. *Amsterdam, Bernard*, 1735. in 12. br.

697 Du vrai & parfait amour, trad. du grec d'Athenagoras, par Fumée de Genillé. *Paris, V^e. Guillemot*, 1612. in 12. v. m.

698 Les Amours pastorales de Daphnis & Chloé. (trad. du grec de Longus, par Jacques Amyot). (*Paris, Quillau*). 1718. in 8. fig. m. r. dent.

Edition originale.

699 Les Amours pastorales de Daphnis & Chloé, trad. de Longus par J. Amyot. 1745. in 8. m. r. *tiré sur papier, in 4. figures coloriées.*

700 Les Aventures amoureuses de Theagenes & Chariclée, sommairement decrites & representées par figures, par P. Vallet. *Paris, Vallet.* 1623, in 8. vel.

Romans de Chevalerie.

701 L'Arbre des batailles, par Honoré Bonnor. *Paris, Vérard,* 1493 in fol. goth. v. br.

702 L'histoire du Saint Graal. *Paris, J. Petit.* 15 6. in fol. goth. v. f.

Le commencement de la Table manque.

703 Les Propheties de Merlin. *Paris, Vérard,* 1498. in fol. goth. v. b.

704 Roman fait & composé à la perpetuation des vertueux faits & gestes de plusieurs nobles & excellents chevaliers qui furent au temps du très noble & puissant Roy Artus, compagnons de la table ronde. Spécialement à la louange du très vaillant chevalier Lancelot du Lac, fils du Roi Ban de Benoic es parties de Gaulles que l'on dit a present etre la Duchié de Berry. *Rouen, Gaillard le Bourgois, & Paris, Jehan Dupré,* 1488. 5 parties rel. en 2 vol. in fol. goth. m. r.

PREMIÈRE EDITION, exécutée sur 2 colonnes, dont les pages entieres ont 48 lignes. On trouve à la tête du premier volume 5 feuillets, qui renferment une figure qui tient toute la page, représentant le Roi Artus à table, avec les compagnons de la table ronde, la table des chapitres, &c. des deux premieres parties; le texte suit : il commence par la signature a. i ═ L, il finit par la souscription suivante

Ce present & premier volume a esté Jmprime a Rouen . en lostel de gaillard le bourgois Lan de grace mil. cccc. iiii xx. & huyt. le xxiiii. iour de nouëbre. Par iehan le bourgois. A lexaltacion de la noblesse, et de la bonne cheualerie, q̃ fut en la grãde bretaigne eu tẽps du tres noble & vaillãt roy artus, et de la table ronde Et a lexaltacion des courages des iennes nobles ou aultres q̃ se veullët erxcerciter aux armes & acquerir lordre de cheualerie. et au dessous l'Ecusson de Jehan le Bourgois Le second volume qui contient la tierce partie de Lancelot du Lac, la partie du Saint Graal, & la derniere partie de la Table ronde, commence par une table de deux feuillets. Le texte suit, il commence par la signature A i — k k. A la fin il y a cette souscription :

Cy fine le derrenier volume de la table rôde faifant mencion des fais et proeffes de mōfeigneur lācelot du lac et dautres plufieurs nobles & vaillans hommes fes compaignons. Compile & extraiɛt precifement & au iufle des vrayes hifloires faifantes de ce mencion , par tres notable homme & tres expt hifgorien maiflre Gaultier map. Et imprime a Paris par Jehan du pre. En lā de grace mil cccc. iiii. xx. et viii. le xvi. iour de feptembre.

Cette Edition eft fi rare, que M. le Duc de la Valliere n'a jamais pu fe procurer que les deux premieres parties qui forment le premier volume. Cependant ce premier volume, quoique tres piqué des vers, a eté porté à fa vente, tout imparfait & gâté qu'il étoit, à la fomme de 72 liv. *Voy.* la premiere partie de fon Catalogue, tome II, N°. 3998.

705 La tres plaifante & recreative hiftoire du chevalier Perceval le Gallois , jadis chevalier de la table ronde. *Paris, Longis.* in fol. goth. v. f.

Imparfait à la fin.

706 L'hiftoire de Giglan , fils de Meffire Gauvin. in 4. goth. v. b.

707 Gyron le Courtois , avec la devife des armes de tous les chevaliers de la Table ronde. *Paris, J. Petit.* in fol. goth. v. f.

708 Meliadus de Leonnois. *Paris, Galliot du Pré*, 1528. in fol. goth. v. m.

709 Hiftoire du tres vaillant , noble et excellent chevalier Triftan , fils du Roi Meliadus de Leonnois. (redigé par Luce, chevalier, feigneur du chateau de Gaft). *Rouen, Jehan le Bourgois,* 1489. 2 tom. rel. en 1 vol. in fol. goth. v. b.

PREMIERE EDITION exécutée fur 2 colonnes, dont les pages entieres ont 43 & d'autres 44 lignes. La premiere partie commence par ces mots : *Our exciter et efmouvoir les cueurs des nobles a glorieufemĕt....* & par la fignature a. i. Ce volume finit à la fignature &, qui n'a que deux feuillets. On trouve enfuite deux feuillets de table fignaturés A.

La

La seconde partie commence ainſi : *y cŏmence la ſegondē partie du liure de Triſtã...*, & par la ſignature aa. ii. — it. i. Cette ſignatuie n'a que deux feuillets, au bas du dernier il y a cette ſouſcription :

Cy ſine la ſecŏde et derraine partie de ce preſent liure fait et cŏpile en lhonneur et memoire du tres uaillant noble et excellent cheualier Triſtã filʒ du noble roy meliadus de leonois : lequel r gna. au tĕps du roi art⁹ et du roi marc de cornouaille et de la belle yſeut fille du roi d'irlãde et fĕme du roi marc lequel liure a eſte iprime a rouĕ en loſtel Jehã le bourgoys fait et acheue le dernier iour de ſeptembre. Lan de grace Mil. cccc. iiii. xx. et ix. La table de la ſeconde partie commence au verſo du feuillet où ſe trouve la ſouſcription, elle finit au bas du recto du feuillet ſuivant.

Cette Édition eſt ſi RARE que M. le Duc de la Valliere, qui avoit une ſuperbe ſuite de Romans de chevalerie, n'avoit pu ſe procurer que la ſeconde édition imprimée par Verard. Il ne faut pas confondre cette édition avec celle indiquée au Nº. 4617 de la première partie du Catalogue de M. le Duc de la Valliere, qui étoit auſſi exécutée ſur deux colonnes, & dont les pages entieres avoient auſſi 43 lignes. Ce qui doit diſtinguer l'édition de Rouen, c'eſt qu'à la fin de chaque volume il y a l'Ecuſſon de Jehan le Bourgois.

710 L'hiſtoire de Iſaie le Triſte, fils de Triſtan de Leonnois. *Paris, Bonſons,* in 4. goth. m. bl. dent.

711 Hiſtoire des merveilleux faits du vaillant chevalier Artus de Bretaigne. *Paris, Bonſens,* 1584. in 4. v. b.

712 La fleur des batailles d'Oolin de Mayence. *Paris,* in fol. goth. m. viol. dent. doubl. de m. r. dent.

SUPERBE EXEMPLAIRE imprimé ſur Vélin, avec 25 miniatures, & les lettres initiales peintes en or.

La moitié de la ſouſcription a été gratée.

713 L'hiſtoire fort recreative des quatre fils Aymon. *Paris, Alain Lotrian,* in 4. goth. v. f.

G

714 Hiſtoire des faits & geſtes des quatre fils Aymon. *Lyon, Rigaud,* 1581. in 8. parch.

715 L'hiſtoire du vaillant & preux chevalier Galien Rethoré. *Paris, Bonfons,* in 4. goth. v. m.

716 L'hiſtoire tres recreative des faits & geſtes du vaillant chevalier Theſeus de Coulongne. *Paris, Bonfons.* in 4. goth. v. f.

717 Les faits & proueſſes du noble & vaillant chevalier Jourdain de Blaves. *Paris, Bonfons.* in 4. goth. v. f.

Les premiers feuillets ſont manuſcrits.

718 Hiſtoire de Gerileon d'Angleterre, trad. par Eſtienne de Maiſon-neufve. *Paris, Houzé,* 1586. in 8. v. m.

719 La Genealogie, avec les geſtes & nobles faits d'armes de Godefroy de Bouillon & de ſes chevaleureux freres. *Paris, le Noir,* 1511. in fol. fig. v. b.

720 Amadis de Gaule, trad. par le ſeigneur des Eſſars, Nic. de Herberay. *Paris, Groulleau,* 1548. 4 vol. in fol. v. f.

721 Amadis de Gaule, mis en françois par le Sgr. des Eſſarts, Nicolas de Herberay, &c. *Lyon, Didier,* 1577. 24 vol. in 12. & in 8. m. r.

722 L'admirable hiſtoire du chevalier du Soleil, par Fr. de Roſſet. *Paris, Fouet,* 1620. 8 vol. in 8. m. viol.

723 Hiſtoire de Primaleon de Grece, trad. par Fr. de Vernaſſal. *Paris, Galliot du Pré,* 1572. 4 vol. in 8. m. verd.

Exemplaire du Comte d'Hoym.

724 Hiſtoire du vaillant chevalier Palmerin d'Angleterre, trad. du Caſtillan, par J. Vincent du
Creſt. *Lyon*, 1552. in fol. v. m.

725 Les faits & proueſſes du noble & vaillant
chevalier Jaſon. in fol. fig. goth. m. r.

726 Le Recueil des hiſtoires troyennes, enſemble
les glorieuſes proueſſes, forces & vaillances de
Hercules. *Paris*, *Ant. Verard*, in fol. goth.
v. m.

SUPERBE EXEMPLAIRE imprimé ſur Vélin, avec 97
miniatures, & les lettres initiales peintes en or.

727 L'hiſtoire du noble chevalier Berinus & du
vaillant chevalier Aygres de Laymant. *Paris*,
Bonfons, in 4. goth. v. éc.

728 Hiſtoire merveilleuſe & notable de trois
renommés fils de Roys. *Lyon*, *Rigaud*, 1579.
in 8. rel. en cart.

729 L'hiſtoire de tres noble & chevalereux prince
Gerard de Nevers. *Paris*, 1520. in 4. goth.
v. éc.

730 L'hiſtoire & plaiſante chronique du Petit
Jehan de Saintré. *Paris*, *Mouchet*, 1724. 3 vol.
in 12. v. b.

731 S'enſuit un tres beau & excellent roman,
nommé Jehan de Paris. *Lyon*, *Chauſſard*,
1554, in 4. goth. m. r.

732 Chriſerionte de Gaule, par de Sonan. *Lyon*,
Vincent, 1626. in 8. v. f.

733 L'hiſtoire de Meluſine, qui fut fille au Roi
Helinas. *Lyon*, *Arnoullet*, 1544. in 4. goth.
vel.

734 Le Roman des chevaliers de la gloire, par
Franç. de Roſſet. *Paris*, *Huby*, 1613. in 4. v. m.

735 Hiſtoire du vaillant chevalier Tiran le Blanc; trad. de l'eſpagnol (par M. le Comte de Caylus). *Londres*, 1775. 3 vol. in 12. v. m.

736 Hiſtoire de l'admirable Don Quichotte de la Manche , trad. de Michel Cervantes. *Paris, le Clerc*, 1733, 12 vol. in 12. v. br.

Romans d'Amour, &c.

737 Les Amours d'Anne d'Autriche , avec le Cardinal de Richelieu. *Londres*, 1738. in 12. m. bl.

738 Les Amours de Catulle , par de la Chapelle. *Paris, Delaulne*, 1725, 1 vol. === Les Amours de Tibulle, par le même. *Paris, Delaulne*, 1732, 3 vol. === Les Amours d'Horace (par M. de Solminiac de la Pimpie). *Cologne, Marteau*, 1728. 1 vol. === Rome galante. *Paris, Guignard*, 1685. 2 vol. in 12. v. m.

739 Les amours de Cleandre & Domiphile , par d'Ollénix du Mont-ſacré. *Paris, Buon*, 1597. in 12. v. f.

740 Les amours de Leriano & de Laureole. in 4. v. f.

MANUSCRIT ſur Vélin, du XVI. ſiecle, contenant 93 feuillers. Il eſt écrit en *ancienne bâtarde*, à longues lignes, & enrichi de trois grandes miniatures, & lettres peintes en or & en couleurs.

Ce Roman a été compoſé en eſpagnol par Diego-San-Pedro. La traduction françoiſe a été faite ſur celle de Lelio Manfredi, en Italien, & a paru ſous François I. Je crois ce Manuſcrit original.

741 Les amours de Louis-le-Grand & de Mlle. du Tron. *Roterdam*. in 12. v. b.

742 Les amours de Lozie, par Ant. Duperier. *Paris, Geffellin*, 1601. in 12. v. m.

743 Les amours de M^{de}. d'Elbeuf, nouvelle historique, contenant plusieurs anecdotes du cardinal de Richelieu. *Amfterdam, Wetftein*, 1739. in 12, v. m.

744 Amours des Dames illuftres de notre fiecle. *Cologne*, 1691. in 12. m. r.

745 Les amours d'Henry IV, avec fes lettres galantes & les refponfes de fes maitreffes. *Cologne, Marteau*, 1730 in 12. v. b.

746 Artamene ou le grand Cyrus, par de Scudery. *Paris, Courbé*, 1656. 10 vol. in 8. m. r.

747 Les aventures de Daffoucy. *Paris, Audinet*, 1677. 2 vol. === La prifon de Daffoucy. *Paris, Rafté*, 1674. 1 vol. === Les rimes redoublées de Daffoucy. *Paris, Nego.*, 1671. 1 vol. === Poefies & Lettres de Daffoucy. *Paris*, 1653. === Les penfées de Daffoucy, dans le St. Office à Rome. *Paris*, 1678. === Ovide en belle humeur travefti en vers burlefques, par Daffoucy. *Paris, Quinet*, 1664. in 12. v. b.

748 Les Aventures de Gilblas de Santillane, par le Sage. *Amfterdam, Arkftée*, 1755. 4 vol. in 12. fig. baf

749 Les Aventures de Télémaque, fils d'Ulyffe, par M. de Fenelon. *Amfterdam, Wetftein*, 1734. in 4. v. b. fig. de B. Picart.

750 La Bergere amoureufe, par du Verdier. *Paris, Billaine*, in 8 v. b.

751 La Bergere de la Palestine, par G. de Bazyre. *Paris*, 1601. in 12. m bl.

752 Les Bergeries de Juliette, par d'Ollenix du

G iij

Mont-facré. *Tours, Mettayer,* 1592. 5 vol. in 12. v. b.

753 Le Calloandre fidele, trad. de l'italien d'Ambrofio Marini, par de Scudery. *Paris, Thierry,* 1668, 2 vol. in 8. m. r.

754 La caffette ouverte de l'illuftre Criolle, ou les amours de Mde. de Maintenon. *Villefranche,* 1690. in 12. vel.

755 La chaffe au loup de M. le Dauphin, ou la rencontre du Comte du Rourre dans les plaines d'Anet. *Cologne, Marteau,* 1695. in 12. rel. en cart.

756 Les chaftes & délectables jardins d'amour, par d'Ollenix du Mont-facré. *Paris, Perier,* 1599. in 12. parch.

757 Clelie, hiftoire romaine, par de Scudery. *Paris, Courbé,* 1660. 10 vol. in 8. v. b.

758 Cleobuline, ou la veuve inconnue. *Paris, l'Amy,* 1658. in 8. v. m.

759 Contes des Fées, par Ch. Perrault. *Paris, Lamy,* 1781, in 12. fig. m. r. dent. doubl. de tab. pap. d'Hollande.

760 La cour d'amour, ou les bergers galands, par du Perret. *Paris, Jolly,* 1667. 2 vol. in 8. m. viol.

761 Les dames dans leur naturel, ou la galanterie fans façon, fous le regne du grand Alcandre. *Cologne, Marteau,* 1686. in 12. v. b.

762 La Diane de Monte-Maior, trad. par A. Remy. *Paris,* 1624. in 8. fig. v. f.

763 Le Doyen de Killerine, (par l'abbé Prevoft). *La Haye, Poppy,* 1741. 3 vol. in 12. v. m.

764 L'Ecole des maris jaloux, ou les fureurs de

l'amour jaloux. *Neufchatel, Fortin,* 1698. in 12. v. b.

Avec une figure qui repréfente la ceinture de chafteté.

765 L'Endimion de Gombauld. *Paris, Buon,* 1626. in 8. fig. v. f. === Les amours d'Endimion & de la Lune. *Paris, B llaine,* 1624. in 8. v. b.

766 Les étranges aventures d'un grand Prince, par de la Motte Dutertre. *Paris, Robert Eftienne,* 1617. in 12 m. r.

767 Les faveurs & les difgraces de l'amour. *La Haye, Van-Dole,* 1734. 3 vol. in 12. fig. v. m.

768 Galanteries des Rois de France, par H. Sauval. *Suivant la copie imp. à Paris,* 1738. 2 vol in 12. v. b. fig. de B. Picart.

769 Galatée, roman paftoral; imité de Cervantes, par M. de Florian. *Paris, Didot l'aîné,* 1783. in 18. fig. m. r.

770 Gomgam, ou l'homme prodigieux. *Paris,* Prault, 1712. 2 vol. in 12. v. b.

771 Hiftoire de Celimaure & de Felifmene. *Paris, Mauger,* 1665. 2 vol. in 8. v. f.

772 Hiftoire des amours de Gregoire VII, du Cardinal de Richelieu, de la Princeffe de Condé, & de la Marquife d'Urfé. *Cologne, le Jeune,* 1700. in 12. v. f.

773 Hiftoire fecrete de la reine Zarah & des Zaraziens, pour fervir de miroir au... dans le royaume d'Albigion. 1708. in 12. v. b.

774 Hiftoires tragiques & galantes. *Paris, Witte,* 1715. 2 vol. in 12 fig. v. b.

775 Le Hollandois raifonnable, par M. de St.
G iv

Quenain. *Amſterdam , Vᵉ. de Coup* , 1741.
3 vol. in 12. m. v. dent.

776 L'Homme à bonne fortune , ou le galant à
l'épreuve. *La Haye, Van Bulderen ,* 1691.
in 12. parch.

Cet Ouvrage eſt le même que celui intitulé le Taureau
bannal de Paris.

777 L'Homme dans la Lune , ou le voyage chi-
merique fait au monde de la Lune , nouvellement decouvert. par Dominique Gonzales,
trad. par J. Baudoin. *Paris, Piot,* 1648. in 8.
m. viol.

778 Les Hommes volans, ou les aventures de
P. Wilkins. *Paris, Vᵉ. Brunet,* 1763. 3 vol.
in 12. v. m.

779 L'illuſtre Amalazonthe , par Desfontaines.
Paris, Robinot, 1645. in 8. v. f.

780 Les illuſtres Françoiſes. *Amſterdam, Rey,*
1748 , 2 vol. in 12. fig. baſ.

781 Les libertins en campagne , mémoires tirés
du pere de la joie. 1710. 1 vol. ══ La ville
de Paris , en vers burleſques, par Berthod.
Anvers, 1662, in 12. v. f.

782 Macariſe, ou la reine des iſles fortunées,
par Franç. Hedelin, abbé d'Aubignac. *Paris,
du Breuil,* 1664. 4 vol. in 8. v. m.

783 Memoires & aventures d'un homme de qualité (par M. l'abbé Prevoſt). *Amſterdam,
Arkſtée,* 1759. 8 tom. rel. en 4 vol. in 12.
v. f.

784 Mémoires hiſtoriques & ſecrets, concernant
les amours des rois de France. Réflexions hiſtoriques ſur la mort de Henri-le-Grand. Le mal de

Naples, &c. *Cologne*, *Marteau*, 1747. in 12. v. m.

785 La nouvelle mer des hiftoires. *Paris*, *Guillaume*, 1733. 2 vol. in 12. v. b.

786 Les nouvelles françoifes ou les divertiffements de la Princeffe Aurelie (par Segrais). *Paris*, *Sommaville*, 1657. 2 vol. in 8. v. f.

787 Les partifans démafqués, nouvelle plus que galante. *Cologne*, 1710. in 12. ⸗ Pluton maltotier, nouvelle galante. *Cologne*, 1708. in 12. ⸗ Les tours induftrieux, fubtils & gaillards de la maltote. *Paris*, 1708, in 12. ⸗ La mufique du Diable, ou le Mercure galand dévalifé. *Paris*, 1711. in 12. v. b.

788 Le Pelerin d'amour. *Bergerac*, *Vernoy*, 1609. 2 vol. in 12. v. m.

789 Le Philofophe anglois, ou hiftoire de M. Cleveland (par M. l'abbé Prevoft). *Amfterdam*, *Arkftée*, 1744. 7 vol. in 12. v. f.

790 La Philofophie galante. *Paris*, *l'Allemand*, 1675. ⸗ Melange de pieces amoureufes, galantes & héroïques, par de la Hosbiniere. *Bruxelles*, *Backer*, 1704. in 12. v. f.

791 La Princeffe amoureufe, par du Bail. *Paris*, *Baragnes*, 1628. 2 vol. in 8. v. m.

792 Recueil des hiftoires galantes. *Cologne*, *Jean le Blanc*. in 12. vel.

793 Rodogune, hiftoire afiatique & romaine, par d'Aigue d'Iffremont. *Paris*, *Loyfon*, 1667. in 8. v. m.

794 Le Roman Bourgeois (par Furetiere). *Paris*, *Barbin*, 1666 in 8. v. b.

795 Le roman comique mis en vers, par le Tel-

lier d'Orvilliers. *Paris*, *David*, 1733. 2 vol. in 12. v. b.

796 Le Roman satyrique de Jean de Lannel. *Paris*, *du Bray*. 1614. in 8. v f.

797 Romans & Contes de M. de Voltaire. *Bouillon*, 1778. 3 vol. in 8. fig. mar. bl.

798 La Semaine de Montalban, ou les mariages mal assortis. *Pari*, *de Luyne*, 1684. 2 tom. rel. en 1 vol. in 12. v. m.

799 Sethos, histoire ou vie tirée des monuments anecdotes de l'ancienne Egypte (par l'abbé Terasson). *Amsterdam*, 1732. 3 tom. rel. en 1 vol. in 12. baf.

800 Le Songe de Bocace. *La Haye*, 1724. in 12. v. m.

801 Tarsis & Zelie (par la Mothe le Vayer). *Paris*, *de Luyne*, 1665. 6 vol. in 8. v. m.

802 Theatre d'histoire , où, avec les grands prouesses et aventures etranges du chevalier Polimantes prince d'Arfine , se representent plusieurs occurences rares & merveilleuses. *Bruxelle*, *Vulpius*, 1613. in 4. fig. vel.

803 Le Tombeau des amours de Louis-le-Grand, & ses dernieres galanteries. *Cologne*, *Marteau*, 1695. in 12. br.

804 Les tragiques amours de Cleomedis & Benifalbe. par R. de Margniesac. *Paris*, *Ve. du Bray*, in 12. v. éc.

805 La Vie de Marianne, par de Marivaux. *La Haye*, *Neaulme*, 1736. 3 vol. in 12. v. b.

806 La nouvelle Marianne, ou les Mémoires de la Baronne de * * *. *La Haye*, *de Hondt*, 1741. 10 part. rel. en 2 vol. in 12. v. m.

807 Zayde hiftoire efpagnole, par de Segrais. *Paris*, 1729. in 12. v. b.

808 Le Zombi du grand Perou, ou la Comteffe de Cocagne. 1697. in 12. v. b.

CRITIQUE.

809 Les quinze livres des Deipnofophiftes d'Athenée, trad. en françois (par l'abbé de Marolles). *Paris ; Langlois*, 1680. in 4. m. r.

810 Le Chef-d'œuvre d'un inconnu (par Thémifeul de St. Hiacinthe). La *Haye, Huffon*, 1745. 2 vol. in 12. v. m.

Satyres, invectives, &c.

811 Traduction entiere de Petrone (par Nodot). *Cologne, Groth*, 1694, 2 vol. in 8. v. b.

812 Apologie pour Hérodote, par H. Eftienne, avec les notes de M. le Duchat. *La Haye, Scheurleer*, 1735. 3 vol. in 8. v. m.

813 Les Mondes celeftes, terreftres & infernaux, tirés des Œuvres de Doni, par Gab. Chappuys. *Lyon, Michel*, 1580. in 8. v. f.

814 La gibeciere de Mome ou le trefor du ridicule. *Paris, David*, 1644. in 8. v. b.

815 Les Entretiens familiers des animaux parlants, où font découverts les plus importants fecrets de l'Europe. *Bruxelles*, 1672. in 12. v. f.

816 Le Renard ou le Procès des bêtes. *Bruxelles, Pannelfs*, 1739. in 8. fig. v. m.

817 Cathéchifme des courtifans ou les queftions de la cour & autres galanteries. *Cologne*, 1680. in 12. vel.

818 Le Cochon mîtré, dialogue. 1689. in 16.
m. cit. dent.

JOLI MANUSCRIT fur Vélin, du XVIII. fiecle, contenant 30 feuillets Il eft écrit en *lettres rondes*, à longues
lignes, & orné d'un deffin fait à la plume.

Cette fatyre faite contre Charles Maurice le Tellier,
Archevêque de Reims, frere de M. de Louvois, eft attribuée à François de la Bretonniere, Bénédictin de St. Denis,
où il avoit fait fes études, & qui s'étoit enfuite réfugié en
Hollande, où il faifoit la Gazette fous le nom de la Fond.
M. de Louvois réfolut de le punit, & fans fe plaindre de
cette fatyre, il dénonça au Roi quelques articles des Ga-
zettes defquels Louis XIV fut fort offenfé, & en confé-
quence on employa un Juif pour l'enlever en Hollande Ce
fut après avoir vécu long-temps en grande intimité avec la
Bretonniere que le perfide Juif le trahit & le livra. Il fut
conduit au mont St. Michel, & mis dans une prifon, dans
laquelle il a fini fes jours.

819 Le Cochon mîtré, dialogue. 1689. in 12.
vel.

820 Le Banquet des Sages dreffé au logis & aux
dépens de Mtre. Louis Servin, auquel eft porté
jugement, tant de fes humeurs que de fes plaidoyers, par Ch. de l'Efpinoeil. 1617, in 8. v. f.

821 Almanach du Diable contenant des prédic-
tions très curieufes pour les années 1737 &
1738. *Aux enfers.* in 18. m. v.

Avec la clef manufcrite.

882 La guerre des Poetes ou le combat des plu-
mes : jouxte le manufcrit tiré de la bibliotheque
de feu M. Gaignat. in 4. m r. dent.

MANUSCRIT fur papier, très bien écrit, contenant 321
pages. On lit fur le frontifpice : Ce Ms. eft très précieux,
n'ayant jamais été imprimé. Il fut fait & dédié à feu
M. Gaignat par un homme de grand mérite. C'eft un affem-

blage d'invectives & d'injures refpectives tant en vers qu'en profe, ou querelles littéraires entre les différens poetes et auteurs célebres de ce fiecle.

Diſſertations philologiques, critiques, allégoriques & enſouées, &c.

823 L'Eloge de la Folie, par Erafme, trad. par Gueudeville, avec les notes de Gerard Liftre, & les belles figures de Holbein. *Amſterdam, l'Honoré*, 1745. in 12. m. r.

On a inféré dans cet exemplaire les figures gravées d'après M. Eifen, par le Mire, &c.

824 Les angoiffes douloureufes qui procedent d'amours, compofées par Dame Hélifenne de Crenne. in 8. v. f.

825 Plaidoyers & arrêts d'amour, donnés en la cour & parquet de Cupidon. Enfemble quelques procès tragiques. *Rouen, Befongne*, 1627. in 8. v. f.

826 Les arrêts d'amour, avec l'amant cordelier, à l'obfervance d'amours, par Martial d'Auvergne, dit, de Paris. *Amſterdam*, 1731. in 12. m. r.

827 Les Quinze joyes de mariage. *La Haye, Rogiſſart*, 1734. in 12. v. m.

828 Le caquet de l'accouchée, en 3 après dinée. 1622. === L'anti-caquet de l'accouchée. 1622. === Le paffe-par-tout du caquet des caquets de la nouvelle accouchée. 1622. === La réponfe aux trois caquets de l'accouchée. 1622. === La derniere après-dinée du caquet de l'accouchée. 1622. === La derniere & certaine journée du caquet de l'accouchée. 1623. === Le relevement

de l'accouchée. 1622. = Le caquet des femmes du fauxbourg Montmartre. 1622. = Le caquet des poiſſonnieres. = Le caquet ou entretien de l'accouchée, contenant les pernicieuſes entrepriſes de Mazarin. 1651. 2 vol. in 8. & in 4. m. r.

829 Les Privileges du cocuage, ouvrage néceſſaire tant aux cornards actuels qu'aux cocus en herbe. 1722. in 12. v. f.

830 Le triomphe de l'abbaye des conards, ſous le reſveur en decimes Fagot abbé des conards, contenant les criées & proclamations faites, depuis ſon avenement juſqu'à l'an préſent. *Rouen, Dugord,* 1587. in 8. m. r.

SUPERBE EXEMPLAIRE.

831 Alphabet de l'imperfection & malice des femmes, par Jacq. Olivier. *Rouen, Brocard,* 1666. in 12. m. r.

832 Le triomphe des Dames. *Paris, P. Sergent,* in 4. goth. v. m.

Gnomiques ou Sentences, Apophtegmes, Adages, Proverbes, bons mots, &c.

833 Cent preceptes royaux de l'Empereur Manuel Paleologue a Jean Paleologue ſon fils. *Paris, Beys,* 1582. = Chanſons faites du temps de la ligue. = Le nouveau recueil des chanſons amoureuſes. *Paris, Millot,* 1589.

Il y a des Chanſons fort ſingulieres dans celles faites du temps de la Ligue.

834 Hecatomgraphie, c'eſt-à-dire les deſcriptions

de cent figures & hiftoires, contenant plufieurs apopthegmes, proverbes, &c. (par G. Corrozet). *Paris*, *Janot*, 1541. in 8. fig. m. r.

835 Les premices, ou le premier livre des proverbes epigrammatifés, ou des epigrammes proverbialifés, par H. Eftienne. 1594. in 8. m. bl.

836 Recueil de Proverbes repréfentées en figures au nombre de 200. in fol. vel.

837 Le grandiffime livre des proverbes contenant la vie des gueux, avec des figures gravées par Lagniet. in 4. rel. en peau.

838 Le paffe-temps agréable, ou nouveau choix de bons mots. *Amfterdam*, *Arkftée*, 1743. 2 vol. in 12. v. m.

Emblêmes, Devifes, &c.

839 Pieux defirs imités des latins du P. H. Hugo, mis en lumiere, par B. a Bolswert. *Anvers*, *Knobbart*, 1627. in 8. ══ Amoris divini & humani Antipathia. *Parifiis*, *Sauvé*, in 8. fig. v b.

840 Vie de la Mere de Dieu repréfentée par emblemes. in 4. m. r.

Avec des jolies figures gravées par J. Callot.

841 Emblemes & devifes chreftiennes & morales. in 4. m. r.

MANUSCRIT fur Papier, du XVII. fiecle, contenant 33 feuillets et autant de figures gravées en taille-douce, tres proprement coloriées. Les emblêmes font les mêmes que ceux annoncés dans le Catalogue des livres rares de M. le Duc de la Valliere. tom. II, p. 686, n°. 4317.

842 Theatro moral de la vida humana, en cien emblemas; con el encheridion de Epiĉteto. *en Bruſſellas, Foppens*, 1672. in fol. fig. m. r.

843 Le Theatre des bons engins, auquel font contenus cent emblemes moraux, par Guil. de la Perriere. *Lyon, de Tournes*, 1553. in 18. m. r.

844 Le Pegme de Pierre Couſtau avec les narrations philoſophiques mis de latin en françois, par Lanteaume de Romieu. *Lyon, Bonhomme*, 1560. in 8. fig. v. m.

845 Linguæ vitia et remedia emblematice expreſſa, per D. Antonium a Burgundia. *Antuerpiæ, Cnobarus*, 1631. in 12. fig. oblong. v. b.

846 Le centre de l'amour découvert fous divers emblemes galants & facetieux. *A Paris, chez Cupidon*. in 4. fig. oblong, baſ.

847 La philoſophie des images, par le P. Meneſtrier. *Paris, de la Caille*, 1682. 2 vol. in 8. v. b.

Polygraphes.

848 Recueil de 58 pieces, fur les Miracles, les prodiges, les magiciens, les forciers, les voleurs, &c. &c. in 8. non relié.

Contenant :

1°. Grandes & recreatives prognoſtications, felon les promenades & buvettes du foleil, par les douze cabarets du zodiaque, &c. par Aſtrophile le Roupieux, dédiées à Jean Potage. *Paris*. in 8.

2o. Difcours des meurtres & aſſaſſinats commis par un nommé Chriſteman, lequel a confeſſé avoir tué & aſſaſſiné 964 perfonnes. 1582. in 8.

3°. Difcours

3°. Difcours véritable d'un ufurier, lequel miraculeufement a été mangé des rats. 1607. in 8.

4° Difcours prodigieux & épouvantable, de trois efpagnols & une efpagnole, magiciens & forciers, qui fe faifoient porter par les diables., de ville en ville, &c. *Paris*, in 8.

5°. Hiftoires épouvantables de deux magiciens qui ont été étranglés par le Diable. *Paris*, in 8.

6°. Miracle tres fameux nagueres arrivé en la cité de Palerme, d'un enfant mis en pieces par fa propre mere, & remis en vie par le feraphique St.·François. *Paris*, 1608, in 8.

7°. Livre merveilleux, contenant en bref la fubftance de plufieurs propheties & revelations, &c. *Paris*, in 8.

8°. Nouveau prodige arrivé dans la ville de Metz, où trois coqs de miniftres fe font convertis en poules. 1622, in 8.

9°. Copie d'une lettre envoyée à M. Arnoul, doyen de Sens, par Mtre. Simeon de Prouenchieres, Médecin à Sens, faifant mention d'un enfant confervé en la matrice, par l'efpace de 28 ans. Sens, 1582, in 8.

849 Le palais des curieux, auquel font affemblées plufieurs diverfités pour le plaifir des doctes. *Paris, Guillemot*, 1612. in 12. v. f.

850 Recueil de quelques pieces nouvelles & galantes, tant en profe qu'en vers. *Cologne, Marteau*, 1667. in 12. v. b.

851 Recueil de pieces curieufes, tant en profe qu'en vers. *La Haye, Moetjens*, 1694. 5 vol. in 12. v. b.

852 Recueil de pieces galantes, en profe & en vers. in 4. v. brun.

MANUSCRIT fur papier, de ce fiecle, d'une très belle écriture, contenant 245 feuillets.

853 Recueil de pieces choifies, tant en profe qu'en vers. *La Haye, Goffe*, 1714, 2 vol. in 8. v. m.

854 Recueil A—Z. *Fontenoy*, 1745. 12 vol. in 12. v. m.

855 Petit réfervoir, contenant une variété de faits hiftoriques & critiques, de littérature, &c. *Berlin, Neaulme*, 1750. 5 vol. in 12. v. m.

856 Les Œuvres de Madame Helifenne de Crenne. *Paris, l'Angelier*, 1543. in 12. v. b.

857 Œuvres de Louife Labé, Lyonnoife. *Lyon, de Tournes*, 1556, in 8. v. f.

858 Œuvres de Scarron. *Amfterdam, Wetftein*, 1752. 7 vol. in 12. m. r.

859 Œuvres de M^de. de Villedieu. *Paris, Clouzier*, 1741. 12 vol. in 12. v. f.

860 Œuvres mêlées de M. de St. Evremond. *Londres, Tonfon*, 1709. 3 vol. in 4. gr. pap. v. m.

861 Les Œuvres de M. le Noble. *Paris, Ribou.* 1718. 19 vol. in 12. v. f.

862 Œuvres choifies de Bern. de la Monnoye. *Paris, Saugrain*, 1770. 2 vol. in 4. v. éc.

863 Œuvres de M. Houdar de la Motte. *Paris, Prault*, 1754. XI vol. in 12. gr. pap. v. f.

864 Œuvres mêlées de l'abbé Nadal. *Paris, Briaffon*, 1738. 3 vol. in 12. v. b.

865 Œuvres diverfes de M. de Marivaux. *Paris, Duchefne*, 1765. 4 vol. in 12, v. m.

866 Œuvres diverfes de M. de Fontenelle, de l'Académie françoife. *La Haye, Goffe*, 1738. 3 vol. in fol. fig. v. f.

867 Collection complette des Œuvres de M. de Voltaire. *Geneve*, 1778. 30 vol. in 4. fig. v. m.

868 Œuvres de M. de Moncrif. *Paris, Regnard.* 1768. 4 vol. in 12. v. m.

869 Œuvres de M. D. *Amfterdam*, *Rey*, 1772. 6 vol. in 8. v. m

870 Œuvres de M. Paliſſot. *Liege*, *Plomteux*, 1777. 7 vol. in 8. fig. v. f.

871 Œuvres de M. de la Harpe. *Paris*, *Piſſot*, 1778. 6 vol. in 8. v. m.

872 Œuvres complettes d'Alexandre Pope, trad. en françois. *Paris*, *Durand*, 1780. 8 vol. in 8. fig. m. r. dent. pap. d'Hollande.

Dialogues & Entretiens.

873 Les Dialogues de feu Jacq. Tahureau. *Lyon*, *Rigaud*, 1602. === Sonnets, Odes & mignardiſes amoureuſes de l'Admirée, par le même. *Lyon*, *Rigaud*, 1603. in 16. vel.

874 Après dînées et propos de Table contre l'excès au boire & au manger, par Ant. de Balinghem. *Lille*, *de Rache*, 1615. in 8. v. m.

875 Entretiens des ombres aux champs éliſées, ſur divers ſujets d'hiſtoire, de politique, &c. trad. de Valentin Jungerman. *Amfterdam*, *Vytwerf*, 1722. 4 vol. in 12. baſ.

Epiſtolaires.

876 Lettres d'Abaillard & d'Héloïſe, nouvelle trad. avec le texte à côté, par J. Fr. Baſtien. *Paris*, *Lamy*, 1782. 2 vol. in 12. m. r. dent. doubl. de tab.

Imprimé ſur Vélin.

877 Lettres amoureuſes d'Eſtienne du Tronchet. *Paris*, *Breyer*, 1572. in 16. v. m.

H ij

878 Lettres douces, pleines de defirs & imaginations d'amour. *Paris, l'Angelier,* 1589. in 12. v. m.

HISTOIRE.

Géographie.

879 LE nouveau & grand illuminant flambeau de la mer, par Van Keulen. *Amfterdam.* 5 Tom. rel. en 3 vol. in fol. gr. pap. v. b.

Voyages.

880 Hiftoire générale des Voyages, par l'abbé Prevoft. *Paris, Didot,* 1746. 19 vol. in 4. fig. v. m.

881 Voyage aux Indes orientales & à la Chine, fait par ordre du Roi, depuis 1774, jufqu'en 1781, par M. Sonnerat. *Paris, l'Auteur,* 1782. 2 vol. in 4. gr. pap. d'hollande, fig. coloriées. br.

Hiftoire Univerfelle.

882 Le grand Théâtre hiftorique, par Gueudeville. *Leyde, Vander-Aa,* 1703. 5 tom. rel. en 3 vol. in fol. fig. v. b.

883 Les traits de l'hiftoire univerfelle, facrée & prophane, d'après les plus grands peintres, par le Maire. *Paris, le Maire,* 1760. 6 vol. in 8. fig. v. m.

884 Mémoires en forme d'hiftoire, qui renferment plufieurs pieces curieufes, depuis la paix

de Rifwick jufqu'au traité de la triple alliance. 12 tom. en 13 vol. in 4. v. br.

Manuscrit d'une écriture courante très lifible.

Hiftoire Eccléfiaftique.

885 Le Livre des perfécutions des Chrétiens; trad. de latin en franç. par Octavien de St. Gelais. *Paris, Verard,* in 4. goth. vel.

S i mone M G

886 Traité de l'antiquité, veneration & privileges de la fainte Chapelle, du palais royal de Paris, par Sebaft. Rouillard. *Paris, de la Ruelle,* 1606. in 8. v. f.

887 Catalogus roman. Pontificum à Petro ad Clementem VII. ═══ Difcours imparfait de l'autorité des roys fur la police eccléfiaftique. ═══ Les facultés du cardinal d'Amboife archevêque de Rouen, légat en France. ═══ Indultum conceffum cardinali de Tournon per Clementem Pap. VII. ═══ Diverfes regles de la chancelerie de Rome & autres arrêts en matiere bénéficiale. in fol.

Manuscrit fûr papier, du XVI. fiecle, de 196 feuillets.

888 Hiftoire des Papes (par Bruys). *La Haye, Scheurleer,* 1732. 5. vol. in 4. v. éc.

889 Senfuit la tres excellente et finguliere et vertueufe vie de Saint Francoys, compoufee par Saint Bonaventure le docteur feraphique et tranflatee de latin en francois. in 4. m. r.

Très beau Manuscrit fur Vélin, du XV. fiecle, contenant 143 feuillets. Il eft écrit en *ancienne bâtarde,* à longues lignes, & enrichi de foixante & trois fuperbes miniatures, dont les quatorze premieres ont environ 4 pouces de haut fur 3 de large, & les 49 autres, 2 pouces en quarré ; les grandes repréfentent les principales actions de la vie de S. Francois, & les petites, les miracles qu'il fit après fa mort. Il y a deux pages ornées d'une belle bordure. Les lettres initiales font peintes en or & en couleurs.

Ce Manufcrit contenant la vie de S. François d'Affife, eft fort rare, & commence ainfi :

En la cite daffife fut ung home nome francois. . . . .

890 La Vie de Saint François. *Paris, Simon Voftre.* in 4. goth. v. éc.

891 Traité des conformités du Difciple avec fon Maître, c'eft-à-dire de St. François avec Jefus-Chrift (par F. Valentin, Marée, Recoler). (*Liege,* 1656). 4 parties rel. en 3 vol. in 4. v. b.

LIVRE TRÈS RARE lorfqu'il eft auffi complet que celui-ci. M. De Bure le jeune, dans fa Bibliographie inftructive, No. 4543, n'en avoit annoncé que 2 vol.

892

893 La Vie & les Miracles du Pere Tellier. *La Haye, Friftch,* 1716. in 12. v. b.

894 Hiftoire des Chevaliers de Malte, par M. l'abbé de Vertot. *Paris, Rollin,* 1726. 4 vol. in 4. fig. v. b.

895 Cy commence la legende dorée autrement dicte la vie des faints & faintes de paradis tranflate de latin en francoys par frere iacques de Hantyas (il faut lire Vignay) de lordre des freres prefcheurs a la requefte de noble & puiffante dame madame marie de borgongne jadis roine de france laquelle légende traicte de la nativité vie & paffion des faints & fainctes de

paradis & de plusieurs autres choses. 2 grands vol. in fol.

Beau Manuscrit sur Vélin, du XV. siecle, contenant 215 feuillets. L'écriture nommée *ancienne bâtarde*, est sur trois colonnes. Les sommaires sont en rouge. Il est enrichi de lettres initiales peintes en or & en couleurs, & de 76 jolies miniatures, dont 29 larges de cinq pouces & hautes de quatre pouces & demi, & 47 portant environ trois pouces en quarré. On en trouve plusieurs qui ne font qu'ébauchées.

896 Solitudo, sive vitæ fœminarum anachoritarum. 1656. ═ Solitudo, sive vitæ patrum eremicolarum, per D. Hieronymum conscripta. *Parisiis*, in 4. oblong. fig.

Histoire des Religions, Sectes & Hérésies.

897 Cérémonies & Coutumes religieuses de tous les peuples du monde. *Amsterdam, Bernard*, 1735. 7 vol. in fol. fig. rel. en cart.
898 Histoire generale des eglises evangeliques Vaudoises, par Jean Leger. *Amsterdam, Wetstein*, 1680. in fol. fig. v. b.
899 Theatre des cruautés des heretiques de notre temps, trad. en franç. *Anvers, Hubert*, 1588. in 4. fig. v. f.

Histoire Ancienne.

900 La destruction de Jerusalem & la mort de Pilate. *Paris, J. Trepperel*, 1491. in 4. goth. m. bl.

Les 8 premiers feuillets font manuscrits, mais très bien écrits.

901 Histoire ancienne des Egyptiens, des Car-

thaginois, &c. par M. Rollin. *Paris*, *V*ᶜ. *Es-*
tienne, 1740. 6 vol. in 4. baf.

902 Quinte Curce de la vie & geftes d'Alexandre
le grand. in fol. goth. v. éc.

Hiftoire Romaine.

903 Les grands decades de Titus Livius, tranflatées de latin en françois. *Paris*, *Fr. Regnault*,
1515. 3 vol. in fol. goth. v. b.

904 La Conjuration de Catilina y la guerra de
Jugutta, por Cayo Saluftio Crifpo. *En Madrid*,
Ibarra, 1772. in fol. m. r.

Cette traduction faite par Son Alteffe Royale, l'Infant
Don Gabriel, eft accompagnée du texte latin, de notes,
d'une fuperbe carte géographique, & de très belles eftampes. Elle a été imprimée par ordre & aux dépens de ce
Prince. L'exécution typographique eft de la plus grande
beauté, & nous ne craignons pas d'avancer que ce livre eft
le plus parfait qui ait paru jufqu'à préfent pour l'égalité du
tirage. Il eft extrêmement rare, parce que le Prince s'eft
réfervé toute l'édition pour en faire des préfens.

905 Hiftoire Romaine depuis la fondation de
Rome jufqu'à la bataille d'Actium, par Mʳˢ.
Rollin & Crevier. *Paris*, *V*ᶜ. *Eftienne*, 1752.
8 vol. in 4. baf.

906 Hiftoire des Empereurs Romains, par M.
Crevier. *Paris*, *Defaint*, 1750. 6 vol. in 4.
v. m.

907 La vie abregée des douze Cefars. in 4. m. r.
à compartimens.

SUPERBE MANUSCRIT fur Vélin, du XVII. fiecle,
contenant 30 feuillets, outre plufieurs qui font en blanc.
L'écriture eft en *bâtarde*, à longues lignes, & chaque
page écrite eft ornée d'arabefques fupérieurement bien

exécutés en or & en couleurs. On trouve fur douze feuillets féparés, les portraits en médaillons des douze Céfars, peints en miniature, d'une beauté admirable & d'un grand éclat.

908 Hiftoire du Bas-Empire, par M. le Beau. *Paris, Defaint,* 1757. 20 vol. in 12. v. m.

Hiftoire d'Italie.

909 Rome ancienne & Rome moderne, par Fr. de Seine. *Leyde, Vander Aa,* 1713. 10 vol. in 12. fig. v. m.
910 Les Délices de l'Italie. *Paris,* 1707. 4 vol. in 12. fig. v. b.

Hiftoire de France.

911 Catalogue des antiques créations des villes & cités, fleuves & fontaines affifes es trois Gaules, par G. Corrozet. *Lyon, Jufte.* in 18. goth. rel. en cart.
912 Hiftoire de l'etat & republique des Druides, Eubages, Sardonides, anciens François, par Noel Talepied. *Paris, Parant,* 1585. in 8. v. f.
913 Les illuftrations de Gaule & fingularités de Troye, avec les deux epitres de l'amant vert, par J. le Maire de Belges. *Lyon, Eft. Baland.* == La difference des fchifmes & des conciles de l'Eglife. *Paris, de Marnef,* 1512. == La Legende des Venitiens, par le même. *Paris, de Marnef,* in 4. goth. v. m.
914 La Loi Salique, livret de la première humaine vérité, par Guil. Poftel. *Paris, Lamy,* 1780. in 18. m. cit. doub. de tab.

Imprimé fur Vélin.

915 Les chroniques de France. *Paris*, *Verard*, 1493. 3 vol. in fol. goth. m. r. viol. & cit.

Les deux derniers feuillets du 3e. vol. font réimprimés.

916 Cronique de France depuis Philippe Augufte jufqu'à l'avenement de Charles VII. in fol.

MANUSCRIT fur Vélin, du XV. fiecle, contenant 232 feuillets. Il eft écrit fur deux colonnes, en *ancienne bâtarde*.

917 Le Rozier hiftorial de France. *Paris*, *Fr. Regnault*, 1523. in fol. goth. v. b.

918 Les Chroniques de Froiffart. *Paris*, *Ant. Verard*. 4 tom. rel. en 3 vol. in fol. goth. v. m. l. r.

919 Les Chroniques d'Enguerran de Monftrelet. *Paris*, *Fr. Regnault*, 1518. 3 tom. rel. en 1 vol. in fol. goth. v. m.

920 Les Chroniques & excellents faits des Ducs, Princes, Barons de la noble Duché de Normandie. *Paris*, *Jean St. Denys*, in 4. goth. v. b.

921 Les genealogies, effigies, & epitaphes des rois de france, par J. Bouchet. *Poitiers*, *Bouchet*, 1545, in fol. v. b.

922 Jeux hiftoriques des Rois de france, Reines renommées, géographie, &c. par J. Defmarets ; avec des figures gravées par Dola Bella. *Paris*, *le Clerc*, 1698. in 12. v. b.

923 Le livre de la Toifon d'or, compofé par Guillaume Evefque de Tournay. *Paris*, *le Preux*, 1530. 2 tom. en 1 vol. in fol. goth. v. f.

924 Chronologie novennaire, par P. V. Cayet. *Paris*, *Richer*, 1608. ══ Chronologie feptennaire, par le même. *Paris*, *Richer*, 1605. ══

Le Mercure françois. *Paris, Richer,* 1619.
29 vol. in 8. v. b. & v. f.

925 La Cronique du bon conneſtable Bertrand
du Gueſclin. in fol.

MANUSCRIT ſur Vélin, du XV. ſiecle, ſur 2 colonnes,
contenant 9. feuillets : l'écriture eſt en *ancienne bâtarde.*
Cette Chronique copiée le 14 août 1426, commence ainſi :
En ma penſée ſouventes foiz me deliâe en oir, lire &
raconter les hiſtoires, les faits des anciens. . . .

926 Recueil de pluſieurs inſcriptions propoſées
pour remplir les tables d'attente étant ſous les
ſtatues du Roi Charles VII & de la Pucelle
d'Orléans. *Paris, Martin,* 1628. in 4. fig.
parch.

927 Les Mémoires de Philippe de Commines.
Leyde, chez les Elzeviers, 1648. in 12. m. bl.

928 Les louanges du Roi Louis XII, par Cl. de
Seyſſel. *Paris, Ant. Verard,* 1508. in 4. goth.
v. f.

929 La victoire du Roi contre les Vénitiens.
Paris, Ant. Verard, 1510. in 4. goth. v. m.

930 Commemoracion & aduertiſſement de la
mort de tres chreſtienne tres haulte tres puiſ-
ſante et tres excellente princeſſe ma tres redou-
tee et ſouveraine dame, madame Anne deux
fois Royne de france, ducheſſe de bretaigne,
ſeulle heritiere d'icelle noble duche, conteſſe
de montfort, de richemont, deſtampe et de
vertuz ; enſeignement de ſa progeniture, et
complainte que fait bretaigne ſon premier
herault et l'un de ſes roys d'armes. in fol. v. br.

MANUSCRIT ſur Vélin, du XVI. ſiecle, contenant 56
feuillets. L'écriture eſt en *ancienne bâtarde,* à longues lignes.
Il eſt enrichi de lettres initiales peintes en or & en couleurs,

& de 10 miniatures qui portent 8 pouces de haut fur 5 pouces de large. Cette relation de la mort & des obfeques d'Anne de Bretagne eft en vers & en profe.

931 Lettres & actes concernant le mariage de madame Claude de France, fille du roi Louis XII avec monfieur François d'Orléans, duc de valois & comte d'angoulefine depuis François I. roi de france. 1505. in fol.

MANUSCRIT du XVII. fiecle, fur papier, contenant 88 feuillets.

932 Le couronnement du Roi François premier, voyage & conquefte de la Duché de Milan, &c. par le Moine fans froc. *Paris, G. Couteau,* 1520. in 4. goth. m. r.

933 Chroniques abregées des guerres faites l'an 1520 jufqu'à la prife du roi François. 1525. *Mons, Piffart.* En vers. = Pronoftication pour l'an 1487. Profe. = Complainte de la chreftienté fur la divifion des Princes chretiens. Vers. = La confufible retraite du Roi Franchois & de fon armée, en laquelle eft traité l'honneur que obtint la majefté imperiale en ladite retraite. Vers. *En Anvers,* 1544. in 4. goth. v. éc.

934 Le Panegyrique du chevalier fans reproche. (Louis de la Tremoille), par Jacq. Bouchet. *Poitiers, Bouchet,* 1527. in 4. goth. rel. en peau.

935 Francifci Valefii gallorum regis fata. Steph. Doleto autore. *Lugduni,* 1539. = Les geftes de François de Valois, roi de france, compofés en latin par Eft. Dolet, & par lui tranflatés en françois. *Lyon, Dolet,* 1540. in 4. m. r.

936 Les différents qui font entre le roi tres chretien & l'empereur & les motifs de la guerre prefente. 1542. *Lyon, Guil. de Quelques,* in 18. v. m.

937 La Complainte de trois gentilshommes françois, occiz & morts au voyage de Carrignan, bataille & journée de Cirizolles, par Fr. de Sagon. *Paris, Janot,* 1544. in 8. m. bl.

938 Apocalypfe contenant les faicts heroicques & mort catholique du tres chretien roy François (premier); & le tres heureux commencement du regne du tres chreftien roi Henry (fecond). in 8. couvert de velours.

Manuscrit fur Vélin, du XVI. fiecle, contenant 12 feuillets très bien écrits en *bâtarde.*
Cette piece adreffée par une Epître de 34 vers à Madame la Grand' Sénéchale, commence ainfi :

> L'apocalipfe et revelation
> Que l'eternel pour noftre nation
> Tant feulement m'enioinct de recîter. . . .

939 Mémoires de Condé, avec les remarques de Mrs. Secouffe & l'abbé Lenglet du Frefnoy. *La Haye, Neaulme,* 1743. 6 vol. in 4. br.

940 Premier volume, contenant quarante tableaux, ou hiftoires mémorables, touchant les guerres, maffacres, & troubles advenus en france en ces dernieres années. in fol. m. r.

941 Original des troubles de ce temps, difcourant des princes plus illuftres de la famille de Luxembourg, & principalement de Charles & Sebaftien, princes de Martigues, & des guerres où ils fe font trouvés dedans & dehors le royaume de france, recueilli des Memoires de Hugues

Gaſſion. *Nantes, Des Maretz*, 1592. in 4. m.
viol.

942 La reduction du havre de grace par le roi
Charles neufieſme de ce nom. 1563. in 4.

MANUSCRIT ſur Vélin, du XVI. ſiecle, de 8 feuillets.
Il eſt écrit en *lettres rondes*, à longues lignes, & décoré des
armes du Roi.
    Cette Piece de vers eſt de Gabriel Chappuys, Libraire
(c'eſt-à-dire bibliothecaire) du roi, & chanoine de rouen;
elle commence ainſi :
     Ce n'eſt point la fortune, ni conſtante & doubteuſe. . . .

943 Les heures françoiſes ou les vêpres de Sicile,
    & les matines de la St. Barthelemy. *Amſterdam*,
    Michils, 1690. in 12. v. m.

944 Journal de Henri III. & de Henri IV. par
    P. de l'Eſtoile. *La Haye, Goſſe*, 1744. 9 vol.
    in 8. v. m.

945 Mémoires pour ſervir à l'hiſtoire de france
    (par P. de l'Eſtoile). *Cologne, Demen*, 1719.
    4 vol. in 8. fig. v. b.

946 Le reveil matin des françois & de leurs voi-
    ſins, par Euſebe Philadelphe, coſmopolite.
    Edinbourg, 1574. in 8. v. f.

947 Le Tocſain contre les maſſacreurs & auteurs
    des confuſions de france. *Reims, Martin*, 1579.
    in 8. v. m.

948 Le cabinet du Roi de france, dans lequel il
    y a trois perles précieuſes d'ineſtimable valeur.
    (par Nic. Froumenteau). 1582. in 8. parch.

949 Diſcours véritable de ce qui eſt advenu aux
    états tenus a Blois en 1588. *Paris, Bichon*,
    1589. ═ Adieu fait à la ville de Blois, par un
    ſeigneur catholique. *Paris, Roziere*, 1589.
    in 8. m. r.

Avec la figure qui reprefente la tenue des etats a Blois, fous le perfide Henri de Valois.

950 Hiftoire au vray du meurtre & affaffinat proditoirement commis au cabinet d'un Roi perfide & barbare en la perfonne de M. le Duc & M. le Cardinal de Guyfe. 1589. = Difcours déplorable du meurtre & affaffinat, traditoirement & inhumainement commis en la perfonne du Duc de Guyfe. 1588. in 8. fig. m. r.

951 Origine, genealogie & demonftration de cette excellente maifon de Lorraine & de Guyfe, avec les martyrs du duc & du cardinal de Guyfe. *Paris, Perinet*, 1589. = Les paroles que le Roi d'efpagne tint quand il reçut nouvelles de la mort de M^{rs}. de Guyfe. *Paris, Jouin*, 1589. = Les regrets de M^{de}. de Nemours fur la mort de M^{rs}. de Guyfe fes enfants. 1589. = Regrets & foupirs de la france, fur le trepas de M. le Duc de Guife. *Paris*, 1588. = Les plaintes & doleances du Prince de Joinville fils du Duc de Guyfe. 1589. = Difcours en forme d'oraifon funebre fur le maffacre & parricide de M^{rs}. de Guyfe. *Paris, Varagne*. in 8. m. r. & autres pieces, avec fig.

952 La vie & faits notables de Henri de Valois, où font contenues les trahifons, perfidies de cet hypocrite. *Paris, Millot*, 1589. = Hiftoire de la mort tragique & prodigieufe de Popiel roi de Pologne. *Paris*, 1589. in 8. fig. m. r.

953 Les mœurs, humeurs & comportements de Henri de Valois, repréfentés depuis fa naiffance. *Paris, le Riche*, 1589. in 8. m. r.

On a joint à la fin de ce volume, une figure tres finguliere, gravée dans le temps, qui repréfente l'hermitage préparée pour Henri de Valois, avec des vers au-deſſous de l'eſtampe.

954 Diſcours aux françois ſur l'admirable accident de la mort de Henri de Valois, lequel avoit été excommunié. *Paris, Bichon,* 1589. == Le reveille matin des catholiques unis contenant les raiſons par leſquelles ils ne doivent ſe ſoumettre a l'heretique. 1589. in 8. m. r.

Avec la figure de l'aſſaſſinat de Henri 3. par Jacq. Clément.

955 La recompenſe qu'a reçue Henri de Valois d'avoir cru & hanté ſon ami d'Eſpernon. == Le Teſtament de Henri de Valois recommandé a ſon ami d'Eſpernon. Avec un coq a l'ane. 1589. == Diſcours veritable des derniers propos qu'a tenu Henri de Valois a Jean d'Eſpernon. *Paris,* 1589. == Les propos lamentables de Henri de Valois, tirés de ſa confeſſion. *Paris,* 1589. —— La recompenſe du Tyran de la france & porte banniere d'angleterre, Henri de Valois. *Paris,* 1589. in 8. m. r. avec pluſieurs figures.

956 Le Martyre de frere Jacques Clément, contenant les particularités plus remarquables de ſa Ste. reſolution, & tres heureuſe entrepriſe a l'encontre de Henri de Valois. *Paris, Fizelier,* 1589. in 8. m. r.

957 La vie, mœurs & deportemens de Henri Bearnois, ſoi diſant Roi de Navarre. *Paris, des Hayes,* 1589. in 8. m. r.

958 Recueil de 60 pieces ſur l'hiſtoire de France. in 8. non relié.

Contenant :

1°. Arrêt

1°. Arrêt de la cour de Parlement, contre Gafpard de Co-
ligny, qui fut admiral de france. (1569,) in 8.

2°. Les chofes terribles, contenues en une lettre envoiée a
Henry de Valois, par un enfant de Paris, le 28 janvier
1589. in 8.

3°. Bulle de N. S. P. le Pape Sixte V. contre Henry de
Valois. *Paris*, 1589. in 8.

4°. Le faux vifage decouvert du fin renard de la france.
Paris. 1589. in 8.

5°. La grande Diablerie de Jean Vallette dit de Nogaret, par
la grace du Roi Duc d'Efpernon, grand Animal de
france, & bourgeois d'Angouieme, &c. 1589, in 8.
avec la figure.

6°. La forme du ferment de l'union que doivent faire &
repeter tous les bons catholiques, unis pour la défenfe
de l'Eglife catholique, apoftolique & romaine, &c.
Paris, 1590. in 8.

7°. Sonnets contre la Ligue du mois de fevrier 1594. in 8.

8°. Declaration de la demoifelle d'Efcoman, fur les inten-
tions & actions du cruel parricide commis en la perfonne du Roi, &c. où elle fut conclue, en quel lieu,
par qui, comme Ravaillac lui fut envoié, comme elle
a decouvert tous fes deffeins, &c. in 8.

9°. Arrêt de la cour de Parlement, contre le tres mechant
patricide François Ravaillac. *Paris*, 1610. in 8.

10°. Stances & Quatrains fur la mort du faquin de Conchine.
Paris, 1617. in 8.

11°. Les Ponts Bretons. 1624. in 8.

12°. Lettre de la cordonniere de la Reine mere a M. de Ba-
radas. in 8.

Cette fatyre eft attribuée à Urbain Grandier. Elle eft
contre le cardinal de Richelieu, qui pour punir Grandier,
le fit brûler à Loudun.

959 Memoires de Maximilien de Bethune duc de
Sully principal miniftre de Henri le grand, (publiés par M. l'abbé de l'Eclufe). *Londres*, 1745.
3 vol. in 4. gr. pap. avec les portraits d'Odieuvre.

I

960 Mémoires de Marguerite de Valois, reine de france. *La Haye, Moetjens*, 1715. in 8. v. b.

961 La Declaration de N. S. P. le Pape Sixte V. contre Henri de Bourbon, foi difant roi de navarre. *Paris, Binet*, 1589. === Bulla Sixti V. contra Henricum III. *Parifiis, Nivellius*, 1589. === Bulle de Sixte V. contre Henri de Valois. *Paris, Nivelle*, 1589. === Advertiffement aux catholiques fur la Bulle de N. S. Pere touchant l'excommunication de Henri de Valois. *Paris, Chaudiere*, 1589. === Effets epouvantables de l'excommunication de Henri de Valois & de Henri de Navarre. *Paris, Nivelle*, 1589. === L'effroyable eclat de l'anatheme, & les merveilleux effets d'icelui. *Paris*, 1589. & autres pieces in 8. m. r.

962 Satyre Menippée, de la vertu du catholicon d'efpagne, & de la tenue des états de Paris. *Ratisbonne, Kerner*, 1709. 3 vol. in 8. fig. v. b.

963 Les Mémoires de la Ligue. 1602. 6 vol. in 8. v. b.

964 L'efprit de la Ligue (par M. Anquetil). *Paris, Heriffant*, 1767. 3 vol. in 12. v. m.

965 Forme du ferment qu'il convient de faire par tout le royaume, pour l'entretenement de la fainte union. *Paris, Morel*, 1589. === L'atheifme de Henri de Valois. *Paris, des Hayes*, 1589. === Les chofes terribles, contenues en une lettre envoiée a Henri de Valois par un enfant de Paris. 1589. in 8. v. f.

966 Le premier livre de la france divifée, poeme contenant l'hiftoire tragique de la ligue. in 8. v. m.
Manque le frontifpice.

967 Le masque de la Ligue & de l'espagnol découvert. *Tours, Mettayer,* 1590. in 8. v. f.

968 Histoire des singeries de la ligue. 1596. == Le Martyre des deux freres. 1589. == L'eventail satyrique. 1626. == Le Courier breton. 1626. La guerre des singes & des marmouzets. 1613. in 8. parch.

969 Histoire des singeries de la Ligue. 1596. avec la figure. == Histoire veritable de tout ce qui s'est fait & passé dans la ville de Toulouse, en la mort de M. de Montmorency. 1633. == Observations sur la vie & sur la condamnation du Marechal de Marillac. 1633. in 8. parch.

970 Cinq sermons du R. P. F. J. Porthaise, esquels est traité de la simulée conversion du Roi de navarre. *Paris, Bichon,* 1594. in 8. m. r.

971 Sermons de la simulée conversion de Henri de Bourbon, prince de Bearn, par Jean Boucher. *Paris, Chaudiere,* 1594. in 8. m. r.

972 Le Banquet & après dinée du comte d'Arete, où il se traite de la dissimulation du Roi de Navarre, &c. (par Louis Dorleans). *Paris, Bichon,* 1594. in 8. v. f. grosses lettres.

973 Labyrinthe royal de l'hercule gaulois triomphant, sur le sujet des fortunes, &c. de Henry IV. *Avignon, Bramereau,* 1600. in 4. fig. v. f.

974 Traité de l'origine des anciens assassins porte-couteaux, avec quelques exemples de leurs attentats, par Den. Lebey-de Batilly. 1603. in 12. v. éc.

975 Le Trompette françois. 1609. in 12. m. r.

976 La Plante humaine, sur le trepas du Roi

I ij

Henry le grand , par L. Dorleans. *Lyon, Morillon*, 1622. in 8. parch.

977 Recueil de differentes pieces sur l'histoire de france, &c. 95 vol. in 8. parch. & v. b.

Ce Recueil contient des pieces fort rares.

978 Le camp de la place Royalle ou relation de ce qui s'est passé pour la publication des mariages du roy & de madame avec l'infante & le prince d'espagne. *Paris, Dubray,* 1612. in 8. v. m.

979 Les triomphes de Louis le Juste , par Jean Valdor. *Paris, Estienne,* 1649. in fol. fig. v. b.

980 Recueil de differentes pieces sur le marechal d'Ancre. 1617. 2 vol. in 8. v. f. & v. m.

981 Le gouvernement present ou eloge de son eminence, satyre ou la Miliade. in 8. m. r.

982 Histoire des Diables de Loudun. *Amsterdam,* 1716. in 12. v. b.

983 Mémoires du Maréchal de Bassompierre. *Amsterdam,* 1723. 4 vol. in 12. v. m.

984 Codicille de Louis XIII. a son tres cher fils ainé successeur. 1643. 3 vol. in 18. m. r.

985 L'Intrigue du Cabinet, sous Henri IV & Louis XIII, terminée par la fronde, par M. Anquetil. *Paris, Moutard,* 1780. 4 vol. in 12. v. m.

986 Portrait du cardinal duc de Richelieu, divisé en deux parties; la premiere contenant ses bonnes qualités & la seconde ses mauvaises. in fol. vélin.

Manuscrit sur papier, de ce siecle, contenant 743 pag.

987 Mémoires de Mlle. de Montpensier. *Anvers, Vander Hey,* 1730. 7 vol. in 12. v. b.

988 Memoires du cardinal de Retz. *Amſterdam,*
Bernard, 1717. 4 vol. == Memoires de Joly.
Roterdam, Leers, 1718. 2 vol. == Memoires de M^de. la Ducheſſe de Nemours. *Cologne,*
1709. in 12. v. b.

989 Memoires contenant divers evenements remarquables, arrivés ſous le regne de Louis le
grand. *Cologne, Marteau*, 1684. in 12. m. r.

990 Recueil de pieces heroiques & hiſtoriques
pour ſervir d'ornement à l'hiſtoire de Louis XIV.
dédié à M^rs. Racine & Boileau hiſtoriographes
de france. *Imprimé par Jean de Monteſpan,*
1693. in fol. fig. vel.

Ce Recueil, qui eſt très rare, eſt compoſé de treize figures ſatyriques contre Louis XIV. Il y a des explications
en vers françois & hollandois. On prétend que ce recueil a
été diſtribué en France par le ſieur François Ignace, Baron
de Puechemeck, lequel fut arrêté & mis à la Baſtille, où il a
fini ſes jours.

991 Recueil de Pieces en vers & en proſe, qui
ont paru pendant les troubles de la fronde, &
qu'on nomme communement Mazarinades.
Dans des boëtes de carton.

RECUEIL PRÉCIEUX, lorſqu'il eſt auſſi complet que
celui-ci.

992 Les eloges de la voix publique preſentez à
ſa majeſté tres-chrétienne louis XIV. roi de
france & de navarre, à l'honneur des heros de
ſon armée triomphante en hongrie, par M. de
la Serre, conſeiller ordinaire du roy en tous ſes
conſeils, & hiſtoriographe de france. in fol.
m. verd, ſemé de fleurs de lis.

TRÈS BEAU MANUSCRIT ſur Vélin, d'une écriture *ronde.*

& très élégante, contenant 8 feuillets. C'eft le même qui a été offert à Louis XIV.

993 Hiftoire du vicomte de Turenne, maréchal général des armées du Roi, par Ramfay. *Paris, Mazieres,* 1735. 2 vol. in 4. fig. v. f.

994 Collection des Lettres & Mémoires trouvées dans les porte-feuilles du Maréchal de Turenne, par M. le Comte de Grimoard. *Paris, Nyon,* 1782. 2 vol. in fol. br.

995 Hiftoire de la campagne de M. le Prince de Condé en Flandre, en 1674, par le Chevalier de Beaurain. *Paris,* 1774. in fol. v. éc.

996 L'Alcoran de Louis XIV, ou le teftament politique du cardinal Mazarin. *Rome,* 1695. in 12. vel.

997 Carte geographique de la cour, & autres galanteries, par Rabutin. *Cologne, Marteau,* 1668. ⹀ Le Jaloux par force, & le bonheur des femmes qui ont des maris jaloux. *Fribourg,* 1668. in 12. vel.

998 Ce que c'eft que la france catholique, fous le regne de Louis le grand. *St. Omer,* 1686. in 12. m. r.

999 Remarques curieufes fur plufieurs fonges de quelques perfonnes de qualité & fpécialement de Louis XIV. de la Reine refugiée d'angleterre, & de Mde. de la Valliere. *Amfterdam,* 1690. in 12. v. b.

1000 Les heros de la france fortans de la barque de Caron. *Cologne, Marteau,* 1693. in 12. v. b.

1001 Les heros de la ligue, ou la proceffion monachale conduite par Louis XIV. pour la converfion des proteftants de fon royaume. *Paris.* in 4. fig. m. r.

1002 La Confession reciproque, entre Louis XIV & le Pere de la Chaise son confesseur. *Cologne, Marteau,* 1694. in 12. v. b.

1003 La France en décadence, par la réduction de Namur & Casal. *Cologne, Marteau,* 1695. in 12. v. f.

1004 Le Marquis de Louvois sur la sellette, criminel examiné en jugement par l'Europe. *Cologne, Marteau,* 1695. in 12. br.

1005 Conseil privé de Louis le Grand, assemblé pour trouver les moyens par de nouveaux impôts de pouvoir continuer la guerre. *Versailles, par l'abbé de la Resource,* 1696. in 12. rel. en cart.

1006

1007 La peste du genre humain, ou la vie de Julien l'apostat, mise en parallele avec celle de L. ***. *Cologne, Marteau,* 1696. in 12. v. m.

1008 Nouveaux caracteres de la famille royale, des ministres d'état & des principales personnes de la cour de france. *Villefranche, Paul Pinceau,* 1703. in 12. m. r.

1009 Luxembourg apparu à Louis XIV, sur le rapport du Pere de la Chaise. *Cologne, Marteau,* 1718. in 12. v. f.

1010 Le moyen de réduire la france à un état plus chrétien, pour le bien de l'Europe. in 12. v. f.

1011 Mémoires anecdotes de la cour de france, par J. B. Denis. *Londres,* 1712 in 12. fig. v. f.

1012 Scarron apparu à M^de. de Maintenon, &
les reproches qu'il lui fait fur fes amours avec
Louis le Grand. *Cologne*, 1694. in 12. vel.

1013 Mémoires & Lettres pour fervir à l'hiftoire
de M^de. de Maintenon. *Hambourg*, 1756. 12
vol. in 12. v. f.

1014 Entretien entre Louis XIV & M^de. de Maintenon, pour la conclufion de leur mariage.
Marfeille, *Matthieu*, 1710. in 12. v. m.

1015 Le facre de Louis XV. 1722. in fol. fig.
v. m.

1016 Mémoire où l'on fait voir, par l'explica-
rion de quelques quatrains & fixains de Michel
Noftradamus, que le regne de Louis quinze,
roy de france & de navarre, heureufement
regnant, fera long & glorieux; on y joint une
une prophétie de l'abbé Vbertin d'Otrente, dans
laquelle on voit plufieurs évenements prédits
pour le fiecle préfent & le regne de louis XV.
ouvrage compofé en 1718, & préfenté à fa
majefté par le S. Jacques Jofeph Cay en 1723.
à Paris. in 4. m. bleu, dentelles aux armes
du roi.

MANUSCRIT fur Vélin, très bien écrit en *bâtarde*, contenant 98 feuillets.

1017 Hiftoire de la ville de Paris, par Felibien
& Lobineau. *Paris*, *Defprez*, 1725. 5 vol.
in fol. gr. pap. v. m.

1018 L'inquifition françoife, par Conftantin de
Renneville. *Amfterdam*, *Lalleman*, 1724. 5 vol.
in 12. fig. v. m.

1019 Ce font les privileges de la ville d'Orléans
depuis l'année 1178. in fol.

MANUSCRIT fur papier, du XV. fiecle, contenant 91 feuillets.

1020 Hiftoire agregative des annales & cronicques d'Anjou, par Jehan de Bourdigné. *Angiers, de Boigne*, 1529. in fol. goth. v. f.

1021 Les Annales d'Aquitaine, par Jehan Bouchet. *Paris, de Marnef*, 1525. in fol. v. m.

1022 Les Annales de Foix, par Guill. de la Perriere. *Tolofe, Vieillard*, 1539. ══ Chronique des Rois, Ducs & Comtes de Bourgogne, depuis l'an 14 de Notre Seigneur, jufqu'à l'an 1476. *Lyon, Mart. Havard*. ══ La Conquête de Gennes. *Gennes*, 1507. ══ La Bulle du fauf conduit donné à l'empereur par R. P. maitre Pafquin. ══ Les triftes nouvelles de Rome, advenues le VIII octobre 1530. ══ Les lamentables inondations & elevation des eaux tant de la mer que des rivieres, au pays de Flandres, Brabant, &c. in 4. goth. v. f.

1023 Les Statuts de l'ordre de St. Michel. in 4. v. b.

EXEMPLAIRE imprimé fur Vélin.

1024 Les quatre ages de la pairie de france, par Zemganno (Goezman). *Maeftricht, Dufour*, 1775. 2 vol. in 8. v. f.

1025 Traité des Parlements ou Etats generaux, par Pierre Picault. *Cologne, Marteau*, 1679. ══ Les beaux jours de la Haye. *Londres*, 1709. in 12. v. b.

1026 Honneurs, autorités, prérogatives, prééminences, privileges, exemptions, droits de bourfes, proffits, revenus & émolumens accordés aux clercs, notaires & fecretaires du

roi, par Louis XI en 1482. confirmés & étendus
par Charles VIII en 1484, par François I, en
1518, 1519, 1537, 1540 & 1543, & par
Henri II en 1549. in 4. couvert de velours.

Ce Manuscrit est écrit sur Vélin, en *ancienne bâtarde*,
à longues lignes, & il contient 95 feuillets.

Il fut présenté à Henri II, roi de france, peu après qu'il
eut confirmé l'annoblissement des sécretaires du roi. On n'a
rien épargné pour flatter le goût décidé qu'il avoit pour les
livres, en lui donnant en présent ce recueil d'ordonnances.
Il est enrichi de beaux ornements, de riches miniatures &
d'initiales élégamment peintes en or & en couleurs.

On trouve sur la première page les armes du roi suppor-
tées par des anges, & sur la seconde page, la lettre initiale
de son nom, qui est peinte en or au milieu d'un croissant,
environné de nuages & jettant une clarté brillante. Ce
croissant est chargé d'une couronne impériale françoise en-
greslée de perles, & surmontée d'une fleur de lys. Autour
de la page sont trois croissants tellement entrelassés les
pointes en dedans, qu'ils décrivent un rond parfait. On y
voit aussi les lettres initiales de Diane de Poitiers, maitresse
de Henri II, ainsi que les attributs de la déesse dont elle
portoit le nom.

On lit au dessous de cette miniature les vers suivants qui
font une traduction de ce demi vers hexamètre : *donec to-
tum impleat orbem ;* devise de Henri II, faisant allusion au
croissant, & voulant faire entendre que la gloire de ce mo-
narque iroit toujours en croissant jusqu'à ce qu'elle eut
rempli tout l'univers.

> Donnez puissance souveraine,
> Au croissant de france tel cours,
> Qu'il vienne jusqu'à-lune plaine,
> Sans jamais entrer en décours.

La troisieme page représente en grand les armes du Cardinal Charles de Lorraine, principal favori du roi, peintes
sur un fond d'or, & entourées de diverses arabesques. Un
emblême supérieurement bien exécuté, représentant une
pyramide surmontée d'un croissant, & autour de laquelle
s'attache un liere avec cette devise : *Te flante virebo*, dé-

tore la quatrieme page. Plufieurs autres au nombre de neuf,
font également ornées de fort belles bordures; plufieurs repréfentent la devife de François I. auquel les fecretaires font
redevables de la plupart de leurs privileges. La plus belle de
ces bordures eft celle qui eft peinte au commencement des
lettres d'ennobliffement données en 1549 par Henri II. On
y voit parmi d'autres objets un char trainé par deux cerfs,
dans lequel eft affife Diane avec quatre de fes nymphes.

1027 Drapeaux de l'infanterie tant françoife
qu'étrangere au fervice de la france en l'année
1721. grand in fol. m. r.

Ce livre eft fort beau & renferme 120 planches parfaitement coloriées.

Hiftoire d'Allemagne & des Pays-Bas.

1028 L'Arrêt du Roi des romains donné au grand
confeil de france. *Rouen.* in 4. goth. v. éc.
1029 Tableaux topographiques, &c. de la Suiffe.
Paris, Clouzier, 1780. in fol. br.

Le tome Ier. du difcours & 41 cahiers de planches:
manque le 38me.

1030 Dix grandes tables contenant les pourtraicts
des ceremonies, honneurs & pompe funebre
faits au corps de Charles 3. Duc de Lorraine.
in fol. très grand papier, avec figures gravées
par Fred. Brentel.
1031 Delices du Brabant & de fes campagnes,
par de Cantillon. *Amfterdam, Neaulme,* 1757.
4. vol. in 8. v. m.
1032 Commentariorum rerum brabanticarum par-
tes II. quæ de origine nominis ac de gentis pri-
mordiis, item de urbibus, oppidis, nobilioribus

familiis & confimilibus tractant ; authore petro
dyveo lovanienfe. in fol.

MANUSCRIT fur papier, du XVII. fiecle , contenant
150 feuillets.

1033 Hiftoire générale des Pays bas , contenant
la defcription des XVII Provinces. *Bruxelles ,
Foppens ,* 1720. 8 vol. in 8. fig. v. b.

1034 Les vies & alliances des Comtes de Hollande
& Zelande , feigneurs de Frife. *Anvers , Plantin ,* 1586. in 4. fig. v. f.

1035 Recueil de 366 eftampes coloriées , repré-
fentant l'hiftoire des guerres civiles de Flandre ,
des pays bas , &c. in fol. oblong. m. r.

1036 Cronicque de la noble cité de Liege com-
menchant à la deftruction de Troye mis en lumiere , & collige à grand diligence hors de
plufieurs anchiens livres , puis efcript comme
icy dedens trouuerez avec la portraiture de leurs
armures & blaffons. l'an 1596. in fol.

MANUSCRIT TRÈS CURIEUX , fur papier , du XVII.
fiecle, contenant 266 feuillets, avec des blafons enluminés.

Hiftoire d'Angleterre.

1037 Les Délices de la grande Bretagne & de
l'Irlande , par J. Beeverell. *Leyde , Vander Aa ,*
1707. 9 vol. in 12. fig. v. b.

1038 Les Chroniques annales des pays d'Angleterre & Bretaigne , par Mtre. Alain Bouchard.
Paris , J. Petit , 1531. in fol. goth. v. m.

1039 Hiftoire d'Angleterre, d'Ecoffe & d'Irlande,
par de Larrey. *Roterdam , Leers ,* 1697. 4 vol.
in fol. fig. v. f.

1040 Relation de la fin malheureuse de Richard II, roi d'Angleterre. Petit in fol. couvert de velours cramoisi.

Manuscrit fur Vélin, des premieres années du XV. fiecle, contenant 82 feuillets. Il est écrit en *lettres de forme*, à longues lignes, & enrichi d'une belle miniature qui a environ 5 pouces en quarré.

Ce Manufcrit eft très précieux. Il renferme une relation circonftanciée de tout ce qui s'eft paffé en angleterre, l'an 1399, au fujet de la dépofition de Richard II, & de l'ufurpation de Henri, duc de Lancaftre, qui prit le nom de Henri IV. L'auteur qui étoit françois, & temoin oculaire de tout ce qu'il raconte, a divifé cette rélation en trois parties, dont la premiere & la troifieme font en vers, & la feconde en profe. Voici comment cet ouvrage commence :

> Au departir de la froide faifon
>
> Que printemps a fait reparicion
>
> De la verdure et qu'aux champs maint buiffon
>
> Voit on flourir. . . .

1041 L'Hiftoire de la mort d'Anne de Boullenc, royne d'angleterre. in 4.

Manuscrit fur Vélin, du XVI. fiecle, de 42 feillets, écrits en *lettres rondes*.

L'auteur de cette piece eft un nommé Charles, aumônier du Dauphin, depuis Henri II.

1042 Narration veritable de l'execrable confpiration du parti papifte, contre la vie de fa facrée majefté, le gouvernement d'angleterre, &c. par Tite Oates. *Suivant la copie de Londres*, 1679. in 12. m. r.

1043 Lettre du P. la Chaife au P. Peters, comprenant une felicitation, fur le bon fuccès que l'on a eu à inventer & faire le jeune prince de Galles, avec des remarques politiques fur l'origine & la naiffance d'icelni. 1688. in 12. baf.

1044 Les amours de Meſſaline, ci devant reine d'Albion, où ſont découverts les ſecrets de l'impoſture du prince de Galles, &c. *Ville-franche, Plantie,* 1691. in 12. vel.

Hiſtoire Orientale.

1045 Mœurs & uſages des Turcs, leur religion, leur gouvernement civil, militaire & politique, avec un abrégé de l'hiſtoire ottomane, par M. Guer. *Paris, Couſtelier,* 1746. 2 vol. in 4. v. m.

Hiſtoire Héraldique.

1046 Traictie lequel contient trois parties ceſt aſſavoir par quelles perſonnes & quelle fin & pourquoy armes ont eſte trouuees & a quelle condicion de gens ont eſte octroyees. in 8.

MANUSCRIT ſur Vélin, du XV. ſiecle, contenant 31 feuillets, enrichis d'une miniature & d'un grand nombre de blaſons enluminés. Il eſt écrit en *ancienne bâtarde,* à longues lignes, & il commence ainſi :

Le rres uaillant et uictorieux roy alexandre de macedoine.

1047 Le vray Theatre d'honneur & de cheva-lerie, par Marc de Wlſon, ſieur de la Colom-biere. *Paris, Courbé,* 1648. 2 vol. in fol. v. b.

1048 Extrait des généalogies des principales fa-milles de Paris. in 4. v. m.

MANUSCRIT ſur papier, de ce ſiecle, d'une écriture li-ſible, contenant 347 feuillets.

Antiquités.

1049 Recueil de Monnoyes d'or & d'argent. Très gros in fol. rel. en cart.

Ce Recueil précieux qui a appartenu à M. Baluze, & dont la fignature eſt au bas du premier feuillet, contient une très grande quantité de figures de monnoies d'or & d'argent, des Empereurs, des Electeurs, des Princes & des villes d'Allemagne, des Suiſſes; des Rois d'Angleterre, d'Ecoſſe, d'Eſpagne, de Portugal, de Hollande, de Flandre, du Brabant, & des principautés & villes d'Italie. La plus grande partie des monnoies ſont gravées, & celles que l'on n'a pas pu ſe procurer autrement, ſont très bien deſſinées à la plume. Elles ſont collées très proprement ſur des feuilles de papier, & preſque toutes avec des explications manuſcrites qui déterminent leur valeur, leur poids, & pour quel prix elles pouvoient avoir cours en France, d'après les Ordonnances des Rois François Ier. &c.

1050 Le Pitture antiche d'Ercolano. *Napoli, nella ſtamperia reale*, 1757. in fol. fig. baſ.

1051 Les Ruines de Palmyre (par Rob. Wood, Botre, Bouverie & Dawkins). *Londres, Millar,* 1753. in fol. fig. v. m.

Hiſtoire Littéraire.

1052 Mémoires pour ſervir à l'hiſtoire des Hommes illuſtres dans la république des lettres (par le P. Niceron). *Paris, Briaſſon,* 1727. 44 vol. in 12. v. b.

1053 Journal économique. *Paris, Boudet,* 1751 ——1772. 49 vol. in 12. & in 8. v. m.

1054 Bibliotheque hiſtorique de la France, par le P. Lelong, revue & augmentée par M. Fevret de Fontette. *Paris, Heriſſant,* 1768. 5 vol. in fol. v. m.

1055 Bibliotheque Françoiſe, par l'abbé Goujet. *Paris, Mariette,* 1741. 18 vol. in 12. baſ.

1056 Le Parnaſſe françois, par M. Titon du Tillet. *Paris, Coignard,* 1731. in fol. v. m.

1057 Hiſtoire Littéraire des Femmes françoiſes. *Paris, Lacombe,* 1769. 5 vol. in 8. v. m.

Vies des Hommes illuftres.

1058 De la ruine des nobles hommes & femmes, par Jehan Boccace. *Lyon, Mat. Husz,* 1483. in fol. goth. v. éc.

1059 Traité des mefadventures de perfonnages fignalés, trad. de J. Boccace, par Cl. Wittart. *Paris, Eme,* 1578. in 8. v. b.

1060 Les Portraits des Hommes illuftres françois qui font peints dans la galerie du Palais Cardinal de Richelieu, par Wlfon fieur de la Colombiere. *Paris, Sara,* 1650. in fol. v. b.

1061 Les vrais portraits des hommes illuftres en piété & doctrine, par Th. de Beze. 1581. in 4. fig. m. r.

1062 La Gallerie des femmes fortes, par le P. P. le Moyne. *Leyde, J. Elzevier,* 1660. in 12. fig. v. m.

Extraits hiftoriques.

1063 Hiftoires prodigieufes extraites de plufieurs fameux auteurs grecs, latins, &c. par P. Boaiftuau. *Paris, Macé,* 1576. in 8. v. m.

1064 Hiftoires prodigieufes extraites de plufieurs auteurs grecs, latins, par P. Boaiftuau. *Paris, Ve. Cavellat,* 1598. 3 vol. in 18. v. f.

1065 Les Hiftoires tragiques, extraites des œuvres de Bandel, trad. par de Belleforeft. *Lyon, Rigaud,* 1616. 7 vol. in 18. v. b.

F I N.

TABLE

TABLE ALPHABETIQUE
DES AUTEURS
DES LIVRES DE M. ***.

B

F I N.

Lu & approuvé, ce 29 Janvier 1785.

FOURNIER, Adjoint.

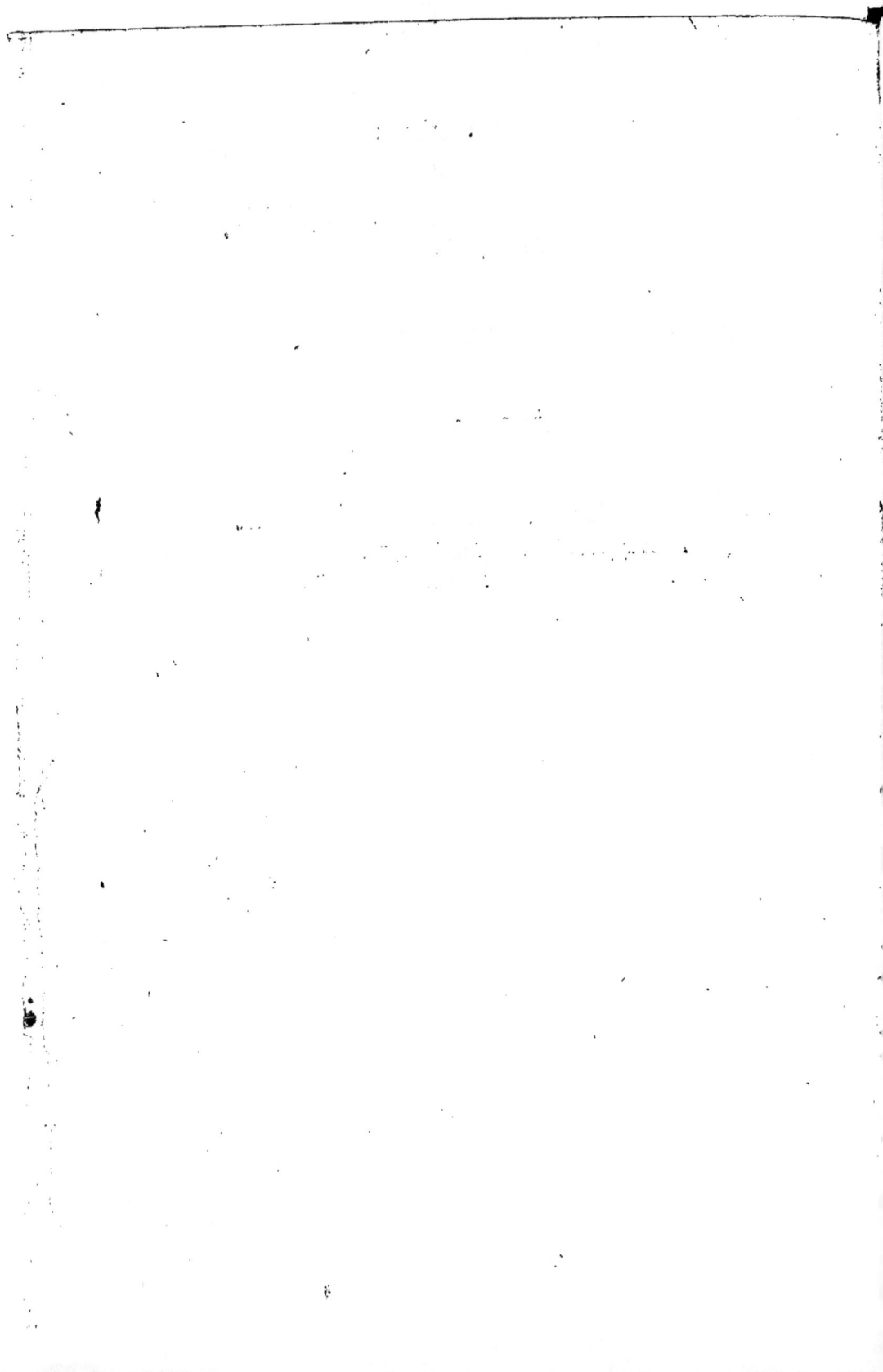

www.ingramcontent.com/pod-product-compliance
Lightning Source LLC
Chambersburg PA
CBHW050002100426
42739CB00011B/2472